U0065499

心一堂易學術數古籍整理叢刊
京氏易六親占法古籍校注系列

《易隱》校注

【明】曹九錫 原著
虎易 校注

書名：《易隱》校注
系列：心一堂易學術數古籍整理叢刊　京氏易六親占法古籍校注系列
原著：【明】曹九錫
校注：虎易
編輯：陳劍聰　丁鑫華

出版：心一堂有限公司
通訊地址：香港九龍旺角彌敦道610號荷李活商業中心十八樓05-06室
深港讀者服務中心：中國深圳市羅湖區立新路六號羅湖商業大厦負一層008室
電話號碼：(852)90277110
網址：publish.sunyata.cc
電郵：sunyatabook@gmail.com
網店：http://book.sunyata.cc
淘宝店地址：https://sunyata.taobao.com
微店地址：https://weidian.com/s/1212826297
臉書：https://www.facebook.com/sunyatabook
讀者論壇：http://bbs.sunyata.cc

版次：二零二二年八月初版

平裝　上下二冊不分售

定價：港幣　三百九十八元正
　　　新台幣　一千五百九十元正

國際書號　978-988-8583-08-9

版權所有　翻印必究

香港發行：香港聯合書刊物流有限公司
地址：香港新界荃灣德士古道220～248號荃灣工業中心16樓
電話：(852) 2150 2100　傳真：(852) 2407 3062
電郵：info@suplogistics.com.hk
網址：http://www.suplogistics.com.hk

台灣發行：秀威資訊科技股份有限公司
地址：台灣台北市內湖區瑞光路七十六巷六十五號一樓
電話號碼：+886-2-2796-3638　傳真號碼：+886-2-2796-1377
網絡書店：www.bodbooks.com.tw
台灣秀威書店讀者服務中心：
地址：台灣台北市中山區松江路二0九號1樓
電話號碼：+886-2-2518-0207
傳真號碼：+886-2-2518-0778
網址：www.govbooks.com.tw

中國大陸發行 零售：深圳心一堂文化傳播有限公司
地址：深圳市羅湖區立新路六號羅湖商業大厦負一層008室
電話號碼：(86)0755-82224934

心一堂微店二維碼

心一堂淘寶店二維碼

易隱卷四

明 東粵遊南子 曹九錫 輯
男 橫琴居士 璿 演

家宅占

十、人口

以五爻為用也。

五爻動，人口生災。五爻空，人口散失、散亡也。

土旺，人口無多，主艱嗣也。土動，其方主絕，而有繼子。土空，則有抱養子。土持福靜，只主單傳也。木旺，人財拔萃。金旺，早發易凋。如申金動者，必剋子。水旺，晚發悠久。火旺，人口災瘴。

木多無火，人丁耗損。金多無土，夭折子孫。火多無水，財源不聚。土多無火，錢穀耗散。水多無金，貧困無資。火旺土衰，田園不失。火多土旺，家業無窮也。《管公口訣》。

五爻帶勾陳殺動，旺則官災，衰則疾病也。日辰臨鬼動，尊長災也。時建加鬼動，卑幼災也。陽男、陰女。

五爻遇刑沖剋害者，在子則小口災，在父則父母災，在兄則兄弟災，在財則妻妾奴婢災，在鬼則公姑災也。俱分陰陽，以別男女。

五爻持父動，子孫災。子動，公姑災。兄動，妻妾奴婢災。財動，父母災。鬼動，兄弟災也。或五爻帶鬼安靜，被日辰沖並動者，即知人口有災也。要知何災，以六神定之。如鬼屬土，則火生土，五月或午日見災。土生申，則七月或申日見災。

又三、六、九、十二月，與辰戌丑未日見災也。金木水火倣此。

五爻持鬼墓，家有病人。鬼墓加虎殺動，剋五爻者，目下家染瘟瘽也。太歲臨五爻動，陽爻陽人災，陰爻陰人災，衝動小口災也。刑害剋沖本命者凶。五爻持父動者無子，總有[1]剋過也。

六神，龍臨五爻動，入水木者，主少年諧婚，婦人孕育，庶民進財，官人得祿也。龍入土，主進財喜。入金，主剋妻，陰人災。入火，主父母慮子孫災驚。入巳火，主子孫不和也。

雀持五爻動，入火，主在官[1]遷升，在家官災也。入水，陰人災病。入金，主口舌，因得財起訟。入土，有公門文書事。入木，主得小利，家有不祥事，防之可免。雀入鬼空動，家出師巫也。

勾持五爻動，入木，主退田產。入金，病藥無效，又主口舌。入水，主膿血疥瘡災。入火，主婦人齒痛。入土，主文書爭訟。帶鬼，則人眷不寧也。加三傳，主田產十分，多勾連瑣碎事也。

蛇持五爻動，入木，主人口有災，遷移不定。入土，主人口夢魘，家多妖怪，土殺為禍。入火，主小口痘疹[2]，兼湯火血光災。入水，主孕婦災，防水厄。入金，主女人卒暴，飲食中得病，家長目疾。入福，主養外兒。入財，必作經商也。

虎持五爻動，入火，不能為禍。入金，主腳痛，刀斧血光，蹼跌。入水，不利小口，主瘟疫時瘴。入土，主宅母災。入木，主有橫禍，喪服血光事。虎加鬼動，帶喪門、弔客、死符、病符，主疾病喪亡。各隨五爻之親屬，斷之無差也。白虎空動，決主死亡，得日辰福動來沖剋，或只重病，免於傾命也。

武持五爻動，入水，主盜賊陰謀，小人侵侮，及水厄，六甲災。入火，失財。入木，產婦災，及樹木之厄。入金，陰人口舌。入土，奴婢走失，病痛盜賊也。六神臨世爻、宅爻俱同斷。

論人口多少：但五爻陽，男多。五爻陰，女多。生旺，丁多。衰死墓絕，丁少也。四直生合者多，刑害剋沖者少也。如五爻旺相，而卦中六親不全者，必親丁寡，而假丁眾也。

欲知家有幾人：大戶，則將甲己㊁子午九，乙庚丑未八，丙辛寅申七，丁壬卯酉六，戊癸辰戍五，巳亥常加四，先干後支數之。小戶，則將一水，二火，三木，四金，五土之數推之。俱旺相加倍，休得本數，囚死減半言之也。

注釋

①總有：雖然有，即使有。總，通「縱」。

②痘疹（dòu zhěn）：因患天花出現的皰疹。

校勘記：

㊀「官」，原本作「宮」，疑誤，據其文意改作。

㊁「己」，原本作「乙」，疑誤，據其文意改作。

十一、家長

以五爻為用也。旺相，少年家長。休囚，老年家長。陽日陰爻，陰人家長。陰日陽爻，陽人家長。父化父，伯叔當家。父化官，外姓同居當家，或女婿當家。父化兄，兄弟當家。父化子，子侄當家。父化財，陰人當家。五爻空，無家主也。世居五爻，當家早也。八純六沖，家長不和也。

十二、道路

以五爻、螣蛇、子孫為用也。從青龍財福方出入吉，從蛇虎兄鬼方出入凶也。五爻遇德貴祿馬、喜神喝散，與四直生合，道必利，而丁畜茂盛，四時納祉①也。遇亡劫、破耗、大殺持剋，與四直刑害沖並，路不利，而丁畜消衰，八節迍蹇②也。帶大殺並沖身世者，家長帶疾也。子加亡劫、耗殺、羊刃，刑並身世者，必有孤孀③帶疾，或生浪蕩之子也。加虎殺剋身世，必白虎頭上往來，主退人丁也。持虎福，遇衰死墓絕胎，必浪蕩無情，不利出入，丁畜消損也。持龍福生合身世，必委曲有情，有來龍之脈也。出《錦囊集》。

五爻火福空，宅主生災。木福空，宅母有痗。水福空，人財進退。金福空，陰人冤訟。土福空，田土空張。

喝散值路，口舌潛消。三殺值路，必產凶強。道路逢因，人亡可必。太歲沖路，災符競起。出《管公口訣》。

五爻子孫逢合，或子動化子，與子下伏子者，俱有兩路可進也。福加龍，左來。加虎，右來。雀前來，武后來，勾辰戌方來，蛇丑未方來也。福加蛇，必屈曲而來。《巽》宮東南來，《艮》宮東北來，《乾》宮西北來，《坤》宮西南來。《坎》《離》《震》《兌》宮，則北南東西㈠來也。

福蛇遇六沖，必四路俱通也。寅申巳亥沖，斜行路也。子午卯酉沖，中心路也。辰戌丑未沖，兩肋路也。

五受刑，三曲路也。五三合，盤旋路也。合丁巳，丁字路也㈡。日辰合五爻，穿心路也。五沖身世爻，直來路也。加驛馬，官塘路。卯來合，草塞路。五臨勾，團轉三叉路也。旺相，新路，大路。休囚，舊路，小路。衰敗，敗路。絕乃斷頭路。臨鬼墓，近墳路。逢長生鬼，乃古路也。逢暗沖，暗箭路也。

臨土在《艮》，近山路。臨土在《坤》，田暗路也。臨金，磚砌石鋪路，或路傍有石也。臨木，路傍有樹也。臨子水，路傍有汪洋之泒④。亥水，乃屈曲之流。水靜與動逢合者，路傍有死水，或鬧斷之水。動逢沖者，急水。木動合水者，水上有木與橋也。

又子水加蛇動，路傍有陽溝。亥水加蛇動，路傍有陰溝也。

五臨旺父，遇日沖者，有騎路屋也。福被日辰刑沖者，路破損也。

五合初爻水者，路傍有井也。旺加龍父，上有井亭也。五沖兄世，路沖門也。

五福加華蓋，路傍有廟也。五臨父，路傍有正屋也。臨虎兄，路有灰堆。虎金動合五，路傍有石碑。臨火鬼，路近化人壇也。

注釋

①納祉（zhǐ）：納福祿。

②迍蹇（jiǎn）：指困頓，不順利。

③孤孀（gū shuāng）：孤兒寡婦。

④泒（gū）：水名。

校勘記：

㈠「北南東西」，原本作「南北東西」，疑誤，據「坎離震兌」文意改作。

㈡「丁字路也」，原本作「丁巳路也」，疑誤，據其文意改作。

十三、棟樑

以六爻、木父為用也。

陽為棟柱，陰為棟樑也。

加貴馬龍德祿喜，與四直生合者，新創整齊也。加虎殺、破軍、午爻。破碎殺，與四直刑害剋沖者，破敗傾頹也。雖新創，亦當崩損。牆籬屋戶同斷。三木並見，木宮、木爻、木合。樓閣重重也。三土並見，創造將興，而子亡也。三金並見，中堂欲改，而妻亡也。三殺如逢，官符不免。碓三爻沖棟宇，留子亡妻。水見水者圮①漏，卦水、爻水，或干支皆水。火見火者傾斜。子旺動，則孕育麒麟②。鬼旺動，則音和琴瑟。衰水加財，去而不返。旺火遇兄，求而得成。火動屢見官符，木動再修棟宇。出《管公口訣》。

父加蛇水動，棟下漏也。父加蛇帶破碎殺動，與父下伏鬼，或六爻鬼空者，俱主樑棟崩摧也。父下伏水鬼，棟必漏也。木父加虎動，與日雀日虎動沖木父者，陰爻棟蛀，陽爻柱蛀也。父下伏土鬼，墩磉③下有怪異也。

金鬼暗動，刑沖木父，或蛇虎鬼暗動，來刑害剋沖，或鬼伏六爻暗動者，主有魘魅在樑斗上也。用鄒道岸法，推之極驗。日辰帶兄來沖，主風雨摧倒也。

木鬼衝動六爻父母，去刑剋世身，或六爻木父化鬼，刑害身世者，俱有折樑傾壓之患也。父臨死絕者，宜增樑換柱改接也。六爻空土合木，用卯④接屋也。

父下伏火鬼暗動，與雀鬼加天火、獨火、天燭殺，動來剋沖六爻，及身世者，有火災也。動已往，靜將來。

初剋六爻，沖門有井，或空地也。二剋六爻，棟下作灶不安也。五剋六爻，香火高擱，或棟下有路也。四沖六爻，棟下有門，不吉也。勾加木父，棟樑多節也。六臨勾土，樑有污泥也。六金旺動，樑上有銅環也。

金沖木父，樑柱有刀斧痕也。火沖木父，有火傷痕也。木父衰敗逢沖，棟樑欲折也。旺相逢沖，棟柱有眼也。

臨龍福，樑上畫藻也。金官衰，樑有寶鈔也。火福加蛇，樑上有財㊁富也。卯木動來合，樑上有稻秧也。木蛇帶福祿，上有福祿字也。虎加喜動，上有蟢⑤窠也。雀土旺動，上有燕巢也。光影殺帶蛇入巳動，樑上見蛇也。龍加金動逢日沖，棟有虛聲也。木龍鬼逢破，有雲梯在上為祟也。

注釋

①圮（pǐ）：毀；塌壞；坍塌。

②麒麟（qí lín）：比喻才能傑出的人。

③墩磉（dūn sǎng）：石頭或用磚砌成的基礎，柱子底下的石礅。

④卯（mǎo）：木器上安榫頭的孔眼。如：卯榫：卯眼和榫頭。比喻兩部分的連接處。

⑤蟢（xǐ）：蜘蛛的一種。一種身體細長的暗褐色蜘蛛，腳很長，多在室內牆壁間結網，其網被認為像八卦，以為是喜稱的預兆，故亦稱喜子、喜蛛；壁蟢、壁錢；古名蠨蛸。

校勘記：

㈠「財」，原本作「各」，疑誤，據其文意改作。

十四、牆垣①

以六爻、土兄為用也。

旺相者堅固，死絕者傾圮②，墓胎者低下。被刑害剋破者，崩倒也。

勾逢六合，四圍周匝③也。日辰動剋土兄，所剋之方有缺。按支神斷之。三爻沖六，主牆有一缺出入，走失奴婢也。

又床剋牆垣，孤辰少子也。三為床爻。

土鬼動沖六爻、兄弟，去刑害剋破身世。或六爻、土兄動化鬼傷身世。或身世持兄弟動，化土鬼回頭來剋者，俱防牆壁傾壓之禍也。

土旺加勾，泥牆也。金旺加虎，石蕭牆④也。土旺加虎，磚牆也。

巳虎旺，粉牆或畫麒麟也。虎土旺，合門爻，照牆也。虎土旺，壁畫虎。龍土旺，壁畫龍。土加祿，壁畫鹿。酉虎旺，畫鶴。酉雀旺，畫鳳與孔雀也。雀帶喜，畫鵲。酉加勾，畫鷹。木加武，畫松柏也。龍父旺，壁上題詩也。

土兄空逢沖，四邊無牆也。土鬼加蛇暗動，匠人魘鎮⑤也。

注釋

①牆垣（yuán）：牆壁。

②傾圮：倒塌。

③周匝（zā）：環繞一週。圍繞；環繞；也指周圍。

④蕭（xiāo）牆：蕭，通「肅」。古代宮室內作為屏障的矮牆。一名「塞門」，又稱「屏」。臣至此屏，便會肅然起敬。也指垣牆。

⑤魘鎮：猶言為害。謂在別人祈福時做不吉利的事。

十五、籬落①

以六爻、木兄為用也。

旺新衰舊，沖則破暴，胎則低也。

衰加破軍、破碎殺動者，藩籬破損也。兄下伏兄，籬堅固也。兄下伏財，木蓊鬱②也。兄下伏子，篁竹茂也。兄下伏鬼，多罅隙③也。

注釋

①籬（lí）落：籬笆。

②蓊鬱（wěng yù）：形容草木茂盛。

③罅隙（xiàxì）：裂縫；縫隙。

十六、屋𢇁

以六爻、木鬼為用也。鬼下伏子，與木下伏金鬼，或伏鬼空亡者，俱主屋𢇁頹落也。火雀鬼，與金鬼福動者，屋𢇁必草苫蓋也。

十七、明堂①

以間爻為用也。旺相寬闊，休囚狹窄，空絕無明堂。旺加官貴，為甬道也。合逢沖散，明堂兩開也。龍福旺相，開爽潔淨也。金虎旺，石鋪也。土虎旺，磚砌也。木財旺相，庭栽花卉也。癸亥旺動，庭養金魚也。壬午旺動，庭養麋鹿也。加玄武咸池動，垢穢不淨也。

注釋

①明堂：指住宅大門前的庭院。看風水所用的術語，指墓前的所謂地氣聚合的地方。

十八、窗戶

以間爻木、子為用也。

木子旺動，與父下伏木子，及爻動化木子者，俱明窗淨牖也。衰則舊，沖則破，空絕則無窗也，合處逢沖者，窗楞①不全也。

注釋

①窗楞（léng）：窗格。

十九、巷

二爻為宅，以穿二爻者為巷也。寅巳相害，左一巷。申亥相害，右一巷。午害丑，未害子，宅中有穿心巷。戌害酉，亦右巷也。

二十、倉廒[1]

財伏父下，與財化財、財化父者，必營倉庫也。又財加龍，臨庚申、丁酉、癸酉，相生有氣，為倉廒。動變則非也。

注釋

[1]倉廒（áo）：儲藏糧食的倉庫。

二十一、比鄰

管公以初爻、六爻為鄰也。

初爻、六爻值空者，即知此處無鄰也。如遇卦初爻子水空，北無鄰。若六爻戌土空，西北無鄰。餘倣此。

耶律先生以世爻為主。如世屬子水，午動來沖，前鄰淩我。日子來並，後戶助侵也。旺比則助，逢刑則侵。酉金來生，西舍綢繆①。卯木來刑，東家嫉妒②。辰巳為墓絕之鄉，覿面③無情。未申為生養之地，姻親可託。又辰與子為三合，未與子為六害，不可與巳申同論。丑動為合，寅動為泄，東北之淑慝攸分④。戌興則剋，亥興則和，西北之疏密已判。餘倣此。

旺相者富，休囚者貧。木遇虎而罄廢⑤，金加雀而散逃，水逢勾則衰敗，土臨龍而凋零⑥。火若遭玄，先炎後寂。龍旺則鄰家鬧熱，龍空則敗宅重新。四直土木遇勾雀，鄰家萬戶。蛇虎休空逢金鬼，只火孤煙。帶祿馬官貴者，仕宦。加財福祿喜者，富豪。加龍德者忠厚，值虎殺者兇狂。玄武咸池同位，淫亂之家。兄鬼四廢並臨，荒涼之室。玄武動加天賊，鄰有穿窬。天燭動剋內世，火沿我宅也。

注釋

①綢繆（chóu móu）：情意深厚。
②嫉妒（jí dù）亦作「嫉妬」。「忌妒」。因人勝過自己而產生的忌恨心理。
③覿（dí）面：見面，當面。
④淑慝（tè）攸分：善惡所分。
⑤罄（qìng）廢：盡廢。
⑥凋（diāo）零：形容事物衰敗或耗減。也用來喻人的死傷離散。

二十二、墳墓

《管公口訣》：以世爻為主。世上一爻為祖墓，祖上一爻為曾祖墳，曾祖上一爻為高祖墓。世下一爻為父母墳，父母下一爻為兄弟墳。

生合世爻者吉，刑沖剋害世爻者凶。六獸靜來生合穴者吉，動來沖剋穴者凶。墳爻帶月虎、月勾空動者，絕也。木加龍，下代興隆。金見虎，出入強暴。水加龍，職在當朝。虎加福，富居山野。合中再合，水繞沙回。空動又沖，氣飛風播。

水鬼動，奇形怪穴。木父動，蹊路繞山。火見金而岩岩出現，水合火而水水相朝。木空，有死木也。木旺，有大木蓋墳也。木見木休囚，有亭破多年也。金動，有白石也。水囚，水法破裂也。金見金，臨玄武，傍有岩泉也。土見土，有橫路交加也。水沖剋刑害，墳有斜水相沖也。

墳爻逢官貴祿馬者，發貴。逢財福德祿，生氣旺相者，發富。逢空休死敗，及四直刑沖剋害者，出貧賤。逢孤辰、華蓋、羊刃者，出僧道。逢旺福，發丁。福逢刑害剋沖，出子孫不肖，且多殘疾。福逢空絕者，絕也。

墳爻屬木，下一爻又是木者，墳下有小墳。主陰人腹災雜症，幼口驚漱，年月小祈小禱不絕也。

墳爻屬水，下一爻又是水者，主穴下有水，出惡毒婦人，淋漓產傷，幼口失水也。

墳爻屬金，下一爻又是金者，主穴下有石，遠年雷傷，目下怯症①，祖宗牌位破裂，有人發肺癰而死也。

墳爻屬土，下一爻又是土者，主橫路交加，出大腹胖體人，後有蟲亡水死日傷者，不死，亦有爭田奪地之官符也。

墳爻屬火，下一爻又是火者，主家㊁遭回祿，出忤逆婦人為非，子孫橫暴，刀傷人命之事也。

又凡穴爻受傷者，以八卦定其何方受傷，以五行定其何物所傷，以六親定其被何人傷也。

若問子孫何房盛衰，何房發，何房絕者，但以墳爻為主也。墳上一爻為長房，墳爻為次房，墳下一爻為三房，墳上二爻為四房，墳下二爻為五房，墳上三爻為六房也。上下輪飛，切勿錯亂，看其盛衰發絕。如墳爻旺，上下二爻衰，則中房發達。墳上一爻旺，長房興。墳下一爻旺，三房興。若見外爻旺，則四五六房發達也。雜見《易學空青》、《管公口訣》。

注釋

①怯（qiè）症：中醫學稱血氣衰退、心內常恐怯不安的一種病。俗稱虛勞病。

遷移占

遊南子曰：「人之移居，或避凶而趨吉，或捨舊而圖新，凡以求其吉康也。盡有遷徙之後，禎祥①未睹，而災禍薦臻者，乃聚族而悔，去之不如守也，然而晚矣，故不可不慎厥始也」。

凡分宮旺相，帶財福龍喜，遇四直生合者，即知此地吉利，可移居也。若臨空死墓絕胎，帶兄鬼蛇虎勾雀武動，遇四直刑害剋沖者，即知此地不宜居也。

注釋

①禎（zhēn）祥：吉祥的徵兆。吉祥，幸福。

鬼谷分爻		
六爻	省道	山林
五爻	州府	
四爻	縣郭	
三爻	場鎮	
二爻	市井	
初爻	鄉村	

一、論吉凶

未住者，以外卦五爻為宅，內卦二爻為人也。

外卦旺相者吉，胎沒次之，死囚休廢者凶也。內卦旺相者，不宜遷。胎沒可守，死囚休廢者，宜逃移也。人剋宅，可遷。宅剋人，不可遷。人宅俱旺，去住皆安。人宅皆空，去住皆凶也。

又世剋應，新不如舊。應剋世，舊不如新。世應生合比和，可遷可守。世應俱空，新舊皆凶也。龍值財福，臨宅旺動者，宜遷。蛇虎雀勾武兄鬼，臨宅動者，宜守也。卦逢六沖，與八純、遊魂，及世居五爻者，宜遷也。卦逢六合、歸魂，與六爻安靜，六爻亂動者，俱宜守也。二爻世爻動，化財福生旺合扶者，遷吉。化兄鬼空死墓絕胎，及刑害剋沖者，遷凶也。卦沖化合，遷後吉也。卦合化沖，遷居不穩也。卦旺化衰者凶，卦衰化旺者吉。內卦世空動者，遷移未決也。世墓胎者，欲遷未能也。世動逢合者，欲移被阻也。世動逢沖者，欲移又止也。遊魂化歸魂者，未遷則猶豫兩端，已遷則懷舊不置也。

二、附斷例

庚寅年、戊寅月、甲寅旬、癸亥日，占遷移？

得《夬》之《大過》：

居酉福，正西吉也。火能剋金，南方大忌。鬼臨寅上，東北莫居。土雖生金，終嫌兄弟，況丑為世墓，戌為世害，西北、東北，尤不宜

《易隱》卦例：占 005

時間：庚寅年 戊寅月　癸亥日（旬空：子丑）

占事：占遷移？

	坤宮：澤天夬				震宮：澤風大過（遊魂）		
六神	**本　卦**				**變　卦**		
白虎	兄弟丁未土	⚋			兄弟丁未土	⚋	
騰蛇	子孫丁酉金	⚊	世		子孫丁酉金	⚊	
勾陳	妻財丁亥水	⚊			妻財丁亥水	⚊	世
朱雀	兄弟甲辰土	⚊			子孫辛酉金	⚊	
青龍	官鬼甲寅木	⚊	應		妻財辛亥水	⚊	
玄武	妻財甲子水	⚊		○→	兄弟辛丑土	⚋	應

居。北雖財方，化兄受剋，總不吉也。

庚寅年、庚辰月、甲寅旬、丁巳日，占遷移？

得《豫》之《小過》：

木來剋世，不利東遷。土賴火生，宜居巳上，豈知土絕在巳，東南不宜。戌財刑未，西北難居。鬼在申方，西南尤忌。只喜福居午上，宜徙正南也。

樹藝占

遊南子曰：「占樹藝五穀者，先觀天時①，次察田畝，而後考人事之勤怠，禾苗之旺衰，與收成之豐歉，而樹藝之占備矣」。

注釋

①天時：天道運行的規律。《易・乾》：「先天而天弗違，後天而奉天時」。也指自然氣候條件。

《易隱》卦例：占 006

時間：庚寅年　庚辰月丁巳日（旬空：子丑）

占事：占遷移？

六神	震宮：雷地豫（六合）本卦				兌宮：雷山小過（遊魂）變卦		
青龍	妻財庚戌土	▅▅　▅▅			妻財庚戌土	▅▅　▅▅	
玄武	官鬼庚申金	▅▅　▅▅			官鬼庚申金	▅▅　▅▅	
白虎	子孫庚午火	▅▅▅▅▅	應		子孫庚午火	▅▅▅▅▅	世
螣蛇	兄弟乙卯木	▅▅　▅▅		×→	官鬼丙申金	▅▅▅▅▅	
勾陳	子孫乙巳火	▅▅　▅▅			子孫丙午火	▅▅　▅▅	
朱雀	妻財乙未土	▅▅　▅▅	世		妻財丙辰土	▅▅　▅▅	應

一、天時

水鬼旺動剋世者，澇也。火鬼旺動剋世者，旱也。水鬼化火鬼，火鬼化水鬼者，旱澇不常也。水火生合世者，雨暘①時若也。木官旺動剋世者，禾遭風敗也。木鬼化水鬼，水鬼化木鬼者，風潮不一也。金官旺動剋世者，蝗災也。土鬼旺動剋世者，天多陰晦，水旱不調也。卦無水，或水爻空墓絶胎者，旱也。卦無火，或火爻空墓絶胎者，澇也。

六爻純陰不生，純陽不長也。

陰陽相半者，豐年也。太歲臨龍喜財福出現，旺動生合世者，年豐。太歲臨虎殺兄鬼，沖剋刑害世者，年饑也。占年以太歲為主。世持龍喜，財福旺相，與木財旺靜持世者，豐年也。世臨歲破月破者，無收也。財臨二耗動者，半收也。財福化空者，穀多秕②也。

凡五行臨鬼動，帶大殺者，無收。帶喜神者，半收也。鬼動逢空墓絶胎，及受刑害剋沖者，無害也。

注釋

①暘（yáng）：日出、晴天。
②秕（bǐ）：中空或不飽滿的穀粒。

二、田畝

世為田，父母為田，應為天也。

父持世，己田也。應父生合世者，佃人田也。世下伏兄，或世動化兄，或父化兄、兄化父者，與人合田也。世上化鬼，與世父化鬼者，官田也。

月日動爻沖世父者，有人爭田也。世合逢沖，一田兩分。世沖逢合，兩田合一。世動逢合，人爭不去也。

世父旺相者，田闊。休囚者，窄狹。臨財福旺相者，田肥。臨兄鬼休囚者，田瘠。金旺，田多石。土旺，田高。水旺，田下。火旺，沙田。水旺動，田畔有摛①。卯木旺，田多蒿菜也。丑動來沖剋，牛擾田。未動來沖剋，羊蹊田②。子動來沖剋，田鼠傷。酉旺動者，多田雞。世父受刑害剋者，田塍③被侵也。

欲知田之形狀：世父屬子，兩尖中闊。屬亥，水曲田灣。屬寅，形如鼓，或有樹繞。卯則兩田相連，巳則形如靴腳，午則前大後尖，申則兩尖中闊，酉則形如響板④。辰高，戌橫，未長，丑前狹後闊也。

武剋雀者，後高前低。龍剋虎者，左高右低。勾蛇生旺者，中凸四低。勾蛇休死受傷者，中凹四高。龍旺虎衰者，東高西低。雀旺武衰者，前高後低。勾蛇持鬼墓者，田中有墳。雀武龍虎持鬼墓者，前後左右有墳也。

欲知田之畝數：則以甲己子午九，乙庚丑未八，丙辛寅申七，丁壬卯酉六，戊癸辰戌五，巳亥常加四之數取之。如世值甲子爻，則二九一十八畝。旺相加倍，休如數，囚死減半也。如世空，則取父母爻定之。

注釋

①摛（chī）：舒展。

②蹊（xī）田：踐踏田禾。

③田塍（chéng）：亦作「田塍」。指田埂。

④響板：一種樂器，是用繩連接兩片貝殼形的木片，套在拇指和食指上演奏。

三、人事稼穡豐歉

鬼谷分爻

六爻	水	田夫	晚禾	
五爻	天	收成	早禾	
四爻	牛	秋苗	大麥	豆
三爻	人工	夏苗	小麥	棉花
二爻			苗秧	
初爻			穀種	

初爻臨鬼，種不樹，或不出。逢空，則無種也。

二爻臨鬼，秧損傷，或再種。逢空，則秧少也。

三爻臨鬼，夏苗損，難耘。加虎動，工人病。逢空，則無人工，或人力不到，而苗損也。又棉花小麥損也。

四爻臨鬼，秋苗損，牛有災。鬼化鬼，或兄化鬼，乃與人合牛，不便工作也。逢空，則缺壅料①，或無牛。又豆與大麥損也。

五爻臨鬼，天意不順，難收割。逢空，穀多秕無實。又早禾傷也。

六爻臨鬼，田夫災病。非水災，則水缺。逢空，無家主。又晚禾傷也。《玉靈經》以甲乙為種，丙丁為秧，戊己為田，庚辛為秋收，壬癸為冬藏。

又子孫為苗禾，財為穀，兄為耗神，鬼為災神。

父母動，耘耔②費力。財化鬼者，無收。鬼化財者，宜晚種。財龍內動，宜早栽。財龍外動，宜遲種。蛇生武動者，宜速鋤。龍合虎沖者，後有災。雀虎世動，與應加雀虎動剋世者，蝗災也。金鬼持世亦然。武鬼動剋世者，未獲防人偷竊，已刈③只可輸糧也。世持勾土動剋應者，水少也。財臨二耗動者，半收也。鬼現動者，宜還神願也。

注釋

①壅（yōng）料：用土或肥料培在植物的根部。

②耘耔（yún zǐ）：謂除草培土。後因以「耘耔」泛指從事田間勞動。

③刈（yì）：割。

育蠶占

遊南子曰：「蠶桑之務，女紅任之。故先觀蠶婦之宜蠶不宜蠶，而後推蠶命之吉凶。蠶命吉矣，則夫種也、苗也，在筐與上簇，結而為繭，繅而為絲。孰利孰害，又宜次第而推也。然而桑葉之貴賤，尤不可以不占焉」。

一、蠶婦

外卦與應爻，蠶也。內卦與世爻，蠶婦也。內外世應生合、比和者，吉也。刑害剋沖者，凶也。蠶婦本命，與巳午蠶命及應爻相沖者，凶也。世命持龍喜財福生旺，無刑害剋沖者吉。四直與動爻，帶龍喜財福，動來生合世命者吉。鬼臨應，蠶損。鬼持剋世，蠶婦病，宜祈禱。世鬼空衰，則蠶婦損也。內卦世爻旺者，人多。外卦應爻旺者，蠶多也。

二、蠶命

巳午二爻及子孫，為蠶命也。命爻上卦者吉，旺動帶龍喜財福者吉。四直與動爻帶龍喜財福，生合命爻者吉。刑害鬼沖命爻者，凶也。命爻臨耗殺、兄鬼，值空死墓絕者，凶也。卦身值四五月者，吉也。

三、蠶事始終利害

分爻旺相，帶龍喜財福者吉。遇死墓絕空，或受刑害剋沖，或帶耗殺動者，凶也。

初爻臨鬼，子不出。逢空，無蠶子。

二爻臨鬼，苗受殃。逢空，苗耗失。

三爻臨鬼，葉貴，蠶娘病。逢空，葉少，乏人力。

四爻臨鬼，筐上損。水鬼，濕死也。子水鬼，鼠耗也。金鬼，吃葉多，白僵也。木鬼，三眠傷。火鬼，頭黃不生殼。土鬼，蠶沙熱蒸，多黃腫也。四爻逢空，筐不足也。

鬼谷分爻		
六爻	繭	
五爻	簇	
四爻	筐	
三爻	葉	人
二爻	苗	
初爻	種	

五爻臨鬼，上簇損。逢空，簇上暗耗也。

六爻臨鬼，繭絲薄。逢空，繰不出也。

《玉靈經》以龍為一眠，雀為二眠，勾為三眠，蛇為四眠，玄武為絲，白虎為繭。

龍鬼旺動者，孕育鼓歌妨也。雀鬼旺動者，喧打爭鬧妨也。加天火、天燭、獨火殺，防回祿也。勾鬼旺動者，起造動土妨，蠶黃腫也。勾財旺，黃繭多也。蛇鬼旺動者，驚嚇妨。蛇入水，蠶受寒，難繰絲也。虎鬼旺動者，喪家妨，蠶白僵也。武鬼旺動者，穢氣觸也。加咸池，女人穢壓，蠶多水濕也。鬼動而子絲不受傷者，祈禱有收也。鬼空、鬼無者，吉也。鬼化財福者，倍利也。鬼化兄者，半收也。鬼化父者，晚絲吉也。父安靜者，吉也。財伏鬼下，鬼伏財下者，損也。財加二耗動，與財伏父下旺相者，半收也。月日值財者，倍利也。

四、葉價

以火為用也。葉乃受財取用。

故財逢木火則貴，逢水金土則賤也。財旺生剋世者貴，財衰受世剋者賤也。財值火者價日增，值水者價日減。財逢生旺日，價必高。財逢空敗死墓絕胎，價必輕。財化兄鬼，子化父者，價前重而後輕。財化子，鬼化財者，價前輕而後重。內財旺而外財衰，正卦有財而變卦無財者，他鄉賤，而遲買價輕也。內財衰而外財旺，正卦無財而變卦有財者，本處賤，而先買價輕也。

六畜占

遊南子曰：「凡占六畜犧①者，以本命所屬以為用。如牛用丑，馬用午，豬用亥，羊用未，狗用戌，貓用寅，雞用酉，是也。如卦無生肖②爻，則有伏神，若伏神又無者，則取分宮斷之。如遠年之畜，即以《乾》馬，《坤》牛，《坎》豕③，《艮》狗，《巽》雞，《兌》羊之類推之也」。

凡用爻與分宮得其沖，與動爻帶吉神來生合者吉，帶兇殺來刑害剋沖者凶也。持財福生旺者吉，持兄鬼休囚者災也。財福加二耗動者，有益有損也。虎加鬼殺，逢刑害剋沖者，前損後益也。父動者，宜改棧④。父化父者，頻易主也。兄亂動者，失群。子化鬼者，偷去。鬼化子者，竊來。財化鬼者，無利息也。子臨刑害者，羸瘦。金官動值者，齧⑤人。雀官動值者，招訟。武官動值者，走失。勾官動值者，災病。蛇官動值者，作怪。虎官動值者，狸虎傷也。龍福旺持者，盛也。刑刃及刀砧⑥殺動值者，必屠宰也。

鬼谷分爻

六爻	馬	主人
五爻	牛	人力
四爻	羊	馬牛
三爻	豬	水草
二爻	貓犬	犁鞍
初爻	雞鴨鵝	欄廄

四直胎養，動來生合者，旺盛。來刑害剋沖者，衰死也。福臨胎爻生旺者，必懷胎抱卵㊁也。臨空死墓絕者，病死也。卦六合，可畜。六沖，不可畜也。合逢沖，畜不久也。動帶吉神，畜馴良。動逢兄殺者，頑劣。旺則肥，而衰則瘦也。動加劫殺，多羯羊羯雞⑦。貓善捕鼠，豬方閹，犬馬狠劣也。

財福生世命者得利，財福化空破死絕者折本。休空者無，旺空者病，鬼空者傷也。寅剋丑未戌者，虎傷牛羊犬。戌剋二爻，犬傷貓。寅剋初爻，貓狸傷雞鵝鴨。巳剋酉，蛇傷雞也。

值四墓，老畜。生旺，方壯。胎養，小畜也。兄化兄，與人合養也。值陽者，多雄牡。值陰者，多雌牝也。金鬼空動，非時夜鳴。水鬼敗肚，木鬼腳傷。土鬼時瘴。火鬼喘熱、瘡疽也。父官衰絕有制者，病可醫也。

《管公口訣》云：虎加丑逢月殺，牛畜遭殃。蛇加午遇日殺，馬畜當災。月殺加寅傷牛位，五爻。牛懼虎殃。日殺加寅傷馬位，六爻。馬驚虎難。又虎動鴨難養，蛇動豬難養也。

淳風云：占馬，看東人本命。占豬，看內助本命，占牛羊犬貓雞鵝鴨，俱看主人本命。與六畜爻東合吉，刑沖剋害者，凶也。《困》、《頤》、《噬嗑》、《明夷》，豬羊雞犬所忌也。遇鬼殺動者，必宰割也。得龍動救助，亦尫羸⑧

也。《泰》、《益》、《咸》、《需》、《謙》、《剝》、《坎》、《離》、《大過》、《無妄》，牛馬所忌也。遇鬼殺動者，必宰剝也。得《中孚》、《大壯》、《夬》者，吉也。

又別六畜之顏色，用爻所臨為本色也。龍與武，黑也。雀勾蛇，黃也。虎，白也。安靜無衝破生剋者，一色也。動爻來生剋者，雜色也。如用臨玄武，被虎動來生剋者，黑白相間也。武旺黑多，虎旺白多，衰旺相均，則黑白半也。再加勾來生剋，則黑白黃色相間，乃玳瑁斑㊂也。

虎在《乾》宮來生剋，頭白也。虎在《坤》，腹白。虎在《坎》，耳白。虎在《離》，目白。虎在《兌》，口尾白。虎在《艮》，前足與背鼻白。虎在《震》，後足白。虎在《巽》，腰白也。餘倣此。

又有六畜走失者，但看生肖爻與子孫爻。空絕者，難尋。胎墓者，關攔住也。帶生氣者，尚活。帶死氣，及刀砧殺者，必烹宰也。但從用爻生旺方隅尋之可見，或至用爻生用日時可得也。

注釋

①㹌（chǎn）：畜牲。（見漢典：http：//www.zdic.net/zd/zi2/ZdicE3ZdicB9Zdic8C.htm）

②生肖：代表十二地支的十二種動物，即鼠（子）、牛（丑）、虎（寅）、兔（卯）、龍（辰）、蛇（巳）、馬（午）、羊（未）、猴（申）、雞（酉）、狗（戌）、豬（亥）。也用來記人出生年，也叫「屬相」。

③豕（shǐ）：豬。

④棧（zhàn）：牲口棚。

⑤齧（niè）：用嘴咬。

⑥刀砧（zhēn）：亦作「刀碪」。亦作「刀枮」。1. 刀和砧板。指宰割工具。(2). 借指宰殺。

⑦羯羊羯雞：已閹過的公羊，閹過的公雞。

⑧尪羸（wāngléi）：亦作「尪羸」，亦作「尩羸」。瘦弱。

校勘記：

㈠「卯」，原本作「卵」，疑誤，據其文意改作。

㈡「斑」，原本作「班」，疑誤，據其文意改作。

一、附斷例

庚寅年、辛巳月、甲辰旬、戊申日卜六畜？得《蒙》之《師》卦：

子孫持世，又投長生于申日。但嫌太歲寅木動來剋世，喜其為旬空日絕，變出酉財剋之，不能為害，故許十分之利也。

以本命生肖爻推之，寅為貓，正值旬空，惟上九爻動出不為空，臨太歲父母，又居陽爻，主其家有一大雄貓，喜走人家。化出財來剋之，不能捕鼠也。戌為犬，臨福德持世，伏下是財，又長生于申，更屬陰爻，知有母狗，多生育而吉也。午為馬，臨兄弟爻，又嫌亥鬼伏其下，火絕於亥，主無馬也，或有馬而病死也。亥為豬，臨白虎官鬼，伏兄弟下，值自刑月破，主瘟死也。

《易隱》卦例：占 007					
時間：庚寅年　辛巳月　戊申日（旬空：寅卯）					
占事：卜六畜					
		離宮：山水蒙			坎宮：地水師（歸魂）
六神	伏　神	本　　卦			變　　卦
朱雀		父母丙寅木 ▅▅▅▅▅		○→	妻財癸酉金 ▅▅ ▅▅ 應
青龍	子孫己未土	官鬼丙子水 ▅▅ ▅▅			官鬼癸亥水 ▅▅ ▅▅
玄武	妻財己酉金	子孫丙戌土 ▅▅ ▅▅	世		子孫癸丑土 ▅▅ ▅▅
白虎	官鬼己亥水	兄弟戊午火 ▅▅ ▅▅			兄弟戊午火 ▅▅ ▅▅ 世
騰蛇		子孫戊辰土 ▅▅▅▅▅			子孫戊辰土 ▅▅▅▅▅
勾陳		父母戊寅木 ▅▅ ▅▅	應		父母戊寅木 ▅▅ ▅▅

未為羊，伏官鬼下，世戌刑之，主不吉。

丑為牛，臨子孫，又伏子孫之下，更值申日長生，主有子母牛也。

酉為雞，屬妻財，伏世下，飛神生之，巳月長生，申日幫扶，主種類繁衍。惟鵝鴨分宮在初爻，既犯旬空，又絕于申日，畜之斷不利也。

虎易按：「丑為牛，臨子孫，又伏子孫之下」，論述與卦例不符，有些混亂。可論為「丑為牛，臨子孫，又是世爻化出的子孫」。供讀者參考。

納奴婢占

遊南子曰：「納婢僕者，將以得其力也。故先問其人之賢否，次觀其心之服否，再推其人之事我有始有卒否，而後占今日之事之成與否也」。

一、賢否

諸書皆以財為用。卦無財則取伏財，如伏下又無財，則取應爻為用也。管公以子孫為奴，妻財為婢。

用爻生旺，帶龍喜德合者，賢也。四直動爻生合用爻者，賢也。用臨死墓絕胎破者，劣也。逢四直動爻刑害剋沖者，劣也。
臨龍：和雅秀氣，工巧曉能也。
臨雀：多言，喜生是非也。
加勾：遲鈍。帶吉，有規矩。入土，則愚癡也。
加蛇：多心機，虛浮，少誠實也。
加虎：剛強，好勇鬥狠也。
加武：奴則陰謀詭譎①，婢多曖昧陰私。加咸池：必淫邪無度也。
用爻持空化空者，少誠實而懈懶也。
財伏父下，或化父者，伶俐學好，為人厚重，能書算也。
財伏子下，或化子者，性善不損物，好打扮也。
財伏兄下，或化兄者，貌醜，性貪淫，好賭也。
財伏鬼下，或化鬼者，性酷烈，帶疾也。
財伏財下，或化財者，貌美，性安和，有材識，能掌管財帛也。
財下伏鬼者，有疾也。財下伏父者，壽促。財下伏兄者，多災。財下伏子者，好善，不猜忌也。

注釋

①詭譎（guǐ jué）：陰謀詭計。

二、協助有終否

外卦生合內卦，應爻、財爻生合世身者，得其力也。外卦與應爻、財爻，刑害剋沖內卦及世身者，難服其心也。世剋用者，服我使也。世生用者，蒙主眷①也。世合用者，得主心也。用空破者，無能。用動沖者，心變也。卦值遊魂，用動者，有去志也。卦逢六合用靜者，無貳心也。卦值六沖用動者，情意離也。合逢沖者，先服後變也。沖化合者，先變後服也。用加馬動者，欲逋逃②也。加玄武，竊物而逃也。更帶咸池，拐婢隨奴而逃也。財加武動化兄者，防陰私也。財加龍動化福者，堪付託也。

注釋

①蒙主眷（juàn）：得到主人的照顧，信任。

②逋（bū）逃：逃亡，逃竄。

三、討奴婢成否

世應兩空者，不成。世應空合者，虛約也。財生合世，而日辰合財者，有人爭討也。應財動生合世，而月日與動爻沖應沖財者，被人破也。應財動生合世，或帶退悔殺，或化退神者，初允而後卻也。間爻兄鬼兩動者，牙人作祟也。間動傷世者，牙人局騙①也。鬼兄空動者，賣主爭財也。六爻亂動者，多變更也。六爻安靜者，無欺詐也。父化兄者，虛契②。父化父者，改契也。父空絕者，無人執筆也。父化胎墓者，押契不發也。

虎易按：納奴婢，在允許人口買賣的中國古代社會，買賣人口如同買賣其他商品一樣，是合法的。買賣奴僕都需要簽訂賣身契約，賣身契一般需要賣方按手印確認買賣的有效性。在一些歷史時期，賣身契還必須到官府登記納稅，並且在賣身契上面粘貼「契尾」（完稅憑證），才是合法有效的契約。這種契約具有法律效力，是主人對奴僕主張權利的重要依據。在現代社會，已經不允許人口買賣。因此，本節內容，可以作為對當時社會現象的一種參考。當然，對於現代社會，預測雇傭保姆之類的事情，也還是有一定參考作用的。

注釋

①局騙：謂設置圈套行騙。

②契（qì）：契約。此處指買賣奴婢的賣身契。

脫禍占

遊南子曰：「人之占脫禍也，惟其有所歉也，是以有所疑。疑者宜示之以信，則必先告以禍之所由起，而後徐論之曰：若可脫也，若不可脫也。知其可脫矣，則又示之曰：此地可脫也，此地不可脫也。或有己身倖免，而遺累親屬者，亦何容隱而不發也」。

一、禍端

凡卦靜者，遇日辰沖並起鬼爻，即有禍到也。以六神定其何禍也。

兄動化鬼剋世，與鬼伏，而動兄沖並起者，禍由兄弟、姊妹、朋友也。

財動化鬼剋世，與鬼伏，而動財沖並起者，禍由妻妾、奴婢、買賣、借貸①也。

福動化鬼剋世，與鬼伏，而福動沖並起者，禍由子孫、僧道、醫藥、六畜、飲食也。

父動化鬼剋世，與鬼伏，而動父沖並起者，禍由尊長、文書、房屋、墳墓、舟車、衣服也。

注釋

①借貸（dài）：向人借用錢物。或者將將錢物借給他人。

二、可脫否

身世空亡，與子孫持身世，子旺動生世身，或世旺應衰，或鬼靜財空，或卦無財鬼，或月日制鬼，或世鬼動化子，化空，或官逢死墓絕胎，或官動化死墓絕胎，或世持龍喜、喝散、解神動，或外卦逢《震》《巽》無氣者，皆無虞也。若外卦剋內，應爻傷世，日月臨鬼，世官化財，或身世持官、伏官、化官，或鬼旺動刑害剋破身世，或世身隨鬼入墓，或財動助鬼傷身世，或鬼與世身三六合，或用臨月破者，皆難脫也。世持官動，復化官者，必災禍重重，全家受累也。

三、避地

鬼臨子午卯酉，勿往北南東西也。鬼臨《乾》《坤》《巽》《艮》，勿往西北、西南、東南、東北也。

水鬼動，勿入江海、混堂①。
火鬼動，勿入爐冶、鬧市。
木鬼動，勿入山林、樹場。
金鬼動，勿入戰爭、殺地。
土鬼動，勿入田園、山嶺、墳墓也。
龍鬼動，勿作保為媒。
雀鬼動，勿添言寄信。
勾鬼動，勿興工動土。
蛇鬼動，勿光棍交遊。
虎鬼動，勿屠宰而弔喪。
武鬼動，慮陰私與盜賊也。
又凡子孫生旺臨值之方，居之吉也。

注釋

①混堂：澡堂，浴室。

四、遺累

日剋子孫，與子孫伏鬼、化鬼者，遺累子孫也。日剋父母，與父母伏鬼、化鬼者，遺累二人也。日剋兄弟、妻財，與兄財伏鬼、化鬼者，遺累兄弟、妻孥①也。

本宮內卦，則家親。本宮外卦，則外親。他宮內卦，則近鄰。他宮外卦，則遠住也。

注釋

①妻孥（qī nú）：妻子和兒女。

五、附斷例

庚寅年、己卯月、甲申旬、庚寅日，有慮火災者？卜得《萃》之《困》：

世臨乙巳鬼動，歲日刑之，乃自身有禍也。不

《易隱》卦例：占 008						
時間：庚寅年　己卯月庚寅日（旬空：午未）						
占事：有慮火災者？						
	兌宮：澤地萃			兌宮：澤水困（六合）		
六神	**本　卦**			**變　卦**		
騰蛇	父母丁未土	▅▅　▅▅		父母丁未土	▅▅　▅▅	
勾陳	兄弟丁酉金	▅▅▅▅▅	應	兄弟丁酉金	▅▅▅▅▅	
朱雀	子孫丁亥水	▅▅▅▅▅		子孫丁亥水	▅▅▅▅▅	應
青龍	妻財乙卯木	▅▅　▅▅		官鬼戊午火	▅▅　▅▅	
玄武	官鬼乙巳火	▅▅　▅▅	世 ╳→	父母戊辰土	▅▅▅▅▅	
白虎	父母乙未土	▅▅　▅▅		妻財戊寅木	▅▅　▅▅	世

合剋應上兄弟，則是禍及他人矣。卦內兩重父母，皆值旬空。父母為房屋，必是火起，延燒及鄰家也。又不宜化出辰土父母，傷剋子孫。後果小兒燒死也。

庚寅年、庚辰月、甲子旬、戊辰日，有恐盜扳①者?卜得《井》之《節》：

三爻門戶鬼動，初爻、化爻，二財助鬼刑世，又初爻化出巳火子孫，刑剋世下伏官。後果為盜累也。

《易隱》卦例：占 009

時間：庚寅年　庚辰月　戊辰日（旬空：戌亥）

占事：有恐盜扳者？

		震宮：水風井				坎宮：水澤節（六合）		
六神	**伏　神**	**本**	**卦**			**變**	**卦**	
朱雀		父母戊子水	▅▅　▅▅			父母戊子水	▅▅　▅▅	
青龍	官鬼庚申金	妻財戊戌土	▅▅▅▅▅	世		妻財戊戌土	▅▅▅▅▅	
玄武	子孫庚午火	官鬼戊申金	▅▅　▅▅			官鬼戊申金	▅▅　▅▅	應
白虎		官鬼辛酉金	▅▅▅▅▅		○→	妻財丁丑土	▅▅　▅▅	
騰蛇	兄弟庚寅木	父母辛亥水	▅▅▅▅▅	應		兄弟丁卯木	▅▅▅▅▅	
勾陳		妻財辛丑土	▅▅　▅▅		╳→	子孫丁巳火	▅▅▅▅▅	世

庚寅年、庚辰月、甲戌旬、辛巳日，有恐訟累者？

卜得《需》之《蹇》：

寅鬼發動沖世，更逢財動助鬼傷世，日辰又刑世，禍不可支。喜世空，己得避脫，而兄弟反遭傷剋矣。兩爻兄弟俱係他宮，鬼又動化文書。後果因官差捕捉，自身逃匿，累及內兄弟也。

《易隱》卦例：占 010							
時間：庚寅年 庚辰月辛巳日（旬空：申酉）							
占事：有恐訟累者？							
	坤宮：水天需（遊魂）				兌宮：水山蹇		
六神	**本　卦**				**變　卦**		
騰蛇	妻財戊子水	▅▅ ▅▅			妻財戊子水	▅▅ ▅▅	
勾陳	兄弟戊戌土	▅▅▅▅▅			兄弟戊戌土	▅▅▅▅▅	
朱雀	子孫戊申金	▅▅ ▅▅	世		子孫戊申金	▅▅ ▅▅	世
青龍	兄弟甲辰土	▅▅▅▅▅			子孫丙申金	▅▅▅▅▅	
玄武	官鬼甲寅木	▅▅▅▅▅		○→	父母丙午火	▅▅ ▅▅	
白虎	妻財甲子水	▅▅▅▅▅	應	○→	兄弟丙辰土	▅▅ ▅▅	應

庚寅年、己卯月、甲辰日，有拐人女子者？卜得《井》之《臨》：鬼居門戶動，初爻、化爻二財助鬼刑世，初爻又化出子孫，剋世下伏鬼，而世財伏官，動化文書。後果被其緝著，訟官而受刑罰也。

《易隱》卦例：占011								
時間：庚寅年　己卯月甲辰日（旬空：寅卯）								
占事：有拐人女子者？								
		震宮：水風井				坤宮：地澤臨		
六神	伏神	本卦				變卦		
玄武		父母戊子水	▅▅ ▅▅			官鬼癸酉金	▅▅ ▅▅	
白虎	官鬼庚申金	妻財戊戌土	▅▅▅▅▅	世	○→	父母癸亥水	▅▅ ▅▅	應
騰蛇	子孫庚午火	官鬼戊申金	▅▅ ▅▅			妻財癸丑土	▅▅ ▅▅	
勾陳		官鬼辛酉金	▅▅▅▅▅		○→	妻財丁丑土	▅▅ ▅▅	
朱雀	兄弟庚寅木	父母辛亥水	▅▅▅▅▅	應		兄弟丁卯木	▅▅▅▅▅	世
青龍		妻財辛丑土	▅▅ ▅▅		╳→	子孫丁巳火	▅▅▅▅▅	

庚寅年、己卯月、甲申日，有欲避難，投託一人者？卜得《大畜》之《損》：應持子水，生世上寅木，人皆云吉。不知子水與動爻辰兄作合，其伏下申金子孫，暗中刑剋世上飛神，申子辰又會水局，剋世下午火伏神。後果為投託之人所發，而反受其累也。

注釋

①扳（pān）：牽連。

《易隱》卦例：占012					
時間：庚寅年 己卯月甲申日（旬空：午未）					
占事：有欲避難，投託一人者？					
		艮宮：山天大畜			艮宮：山澤損
六神	**伏　神**	**本　　卦**			**變　　卦**
玄武		官鬼丙寅木 ▅▅▅			官鬼丙寅木 ▅▅▅ 應
白虎		妻財丙子水 ▅ ▅ 應			妻財丙子水 ▅ ▅
騰蛇		兄弟丙戌土 ▅ ▅			兄弟丙戌土 ▅ ▅
勾陳	子孫丙申金	兄弟甲辰土 ▅▅▅		○→	兄弟丁丑土 ▅ ▅ 世
朱雀	父母丙午火	官鬼甲寅木 ▅▅▅ 世			官鬼丁卯木 ▅▅▅
青龍		妻財甲子水 ▅▅▅			父母丁巳火 ▅▅▅

征戰占

遊南子曰：「兵凶戰危，古人慎之。謂其關人命之生死，係宗稷之安危也。故觀八卦，以知方向。觀世應，以知彼己。觀六親，以知師徒。觀五行，以知器具。觀日辰，以知我兵之淑慝①。蓋繩繩②乎，其慎之也」。

注釋

①淑慝（shū tè）：猶善惡。

②繩繩：戒慎貌。小心謹慎。

一、方向

內卦為我寨，外卦為彼營也。內卦旺相者，吉也。胎沒次之，死囚伏廢者，凶也。

立春後《艮》旺、《震》相、《巽》胎、《離》沒、《坤》死、《兌》囚、《乾》休、《坎》廢也。

春分後《震》旺、《巽》相、《離》胎、《坤》沒、《兑》死、《乾》囚、《坎》休、《艮》廢也。
立夏後《巽》旺、《離》相、《坤》胎、《兑》沒、《乾》死、《坎》囚、《艮》休、《震》廢也。
夏至後《離》旺、《坤》相、《兑》胎、《乾》沒、《坎》死、《艮》囚、《震》休、《巽》廢也。
立秋後《坤》旺、《兑》相、《乾》胎、《坎》沒、《艮》死、《震》囚、《巽》休、《離》廢也。
秋分後《兑》旺、《乾》相、《坎》胎、《艮》沒、《震》死、《巽》囚、《離》休、《坤》廢也。
立冬後《乾》旺、《坎》相、《艮》胎、《震》沒、《巽》死、《離》囚、《坤》休、《兑》廢也。
冬至後《坎》旺、《艮》相、《震》胎、《巽》沒、《離》死、《坤》囚、《兑》休、《乾》廢也。
又青龍、財福旺動之宮，可居也。白虎、兄鬼、飛廉、大殺、凶神、劫殺旺動之宮，不可居也。日辰與動爻刑害剋破，及旬空月破，與動化死墓絕胎之宮，不可居。世爻死墓絕胎之宮，不可居也。

又凡出戰者，內旺外衰者，可戰。內衰外旺者，宜守。內剋外者，可戰。外剋內者，宜守也。內官之方，可戰可攻。世爻生旺之方，可遁可避也。

又應爻、鬼爻生旺之方，宜避其銳。敗死絕之方，宜擊其懈。墓胎之方，宜防其伏也。

二、彼己

世為我帥，應為彼將也。世空，則取子為用。應空，則取鬼為用也。

世旺應衰者，我強彼弱，宜攻也。世衰應旺者，我弱彼強，宜守也。世剋應者，可戰。應剋世者，宜守，且宜防賊來也。世陽而動者，宜出師。世陰而靜者，宜堅壁也。世空，我有難。應空，彼必傷。世應俱空，兩將休兵也。世入墓胎者，宜退也。世應皆旺，或相生合、比和者，必不交鋒，戰亦勝負難決也。

世應持金火鬼旺動者，兩敗俱傷也。世持虎福旺相者，決勝千里也。加日辰生扶者，百戰百勝也。

世臨龍福，加將星動者，良將也。臨虎福者，猛將也。臨勾福者，密遣擒賊也。臨雀福者，號令嚴明也。臨蛇福者，變幻不測也。臨武福者，善用囊沙①背水之術，或巧于偷營劫寨也。

世加往亡、歸忌、受死、大敗、四廢、月厭、飛廉、大殺、亡神、劫殺動者，宜堅壁不出，出則必敗也。

鬼剋世者彼勝。鬼剋應者，他欲退也。鬼持世者，防圍困也。鬼暗動，加大殺、劫殺、刑刃剋世者，防刺客也。若遇福動，刺客必擒也。日辰沖剋世爻，伏鬼刑害飛神者，防下人謀我也。無子動來救，鬼生旺日，必見禍也。世衰而鬼殺旺動者，軍機洩露也。內外兩鬼動剋世者，防內應外合也。世被日辰動爻刑害剋沖者，防奇兵衝突也。世化空死墓絕胎者，將不遁即死也。世應皆旺者，看日辰生合刑害剋破何爻，以決勝負也。

注釋

①囊沙：指韓信囊沙破敵之計。楚漢戰爭時，韓信與楚將龍且隔潍水而陣。韓信夜令人以萬餘囊盛沙，壅水上流，然後引軍半渡，進擊龍且。既戰，佯敗退走。且追信渡水，信使人決壅囊，水大至，龍且軍大半不得渡，信乘機擊殺且，大破楚軍。

三、六親

父為軍師，為旌旗。財為糧草，子為先鋒，兄為埋伏，鬼為敵人也。

父下伏子，衆將懾服①，擒縱如意也。父下伏財，備器足餉，智無遺算，但左右防伏戎②也。父下伏兄，貪財好色，狎侮③私人也。父下伏鬼，智短計拙，動見疏虞④也。

父臨衰墓，軍師老髦也。父臨生旺，軍師少壯也。父臨胎養，不威重也。父臨刑害，不恤衆也。父旺外動，彼興兵也。父旺內動，我出師也。父帶虎殺外動，戰失利也。

父外動剋世，他來侵也。父外動剋應，他自退也。世持父動者，將不惜士也。加大殺、劫殺動，不惜士而防兵變也。

又父旺相，則旗幟新。帶龍雀，則畫彩鮮麗也。父衰墓則舊，加勾蛇虎武，則敝垢無色也。卦無父，或父空絕者，乃幟不備也。父被刑害剋破者，宜改旗幟也。父靜財動者，功成拔幟也。內財動剋外父者，我奪彼幟也。外財動剋內父者，彼奪我幟也。

又財旺相，糧草豐足也。財衰敗，糧草無餘也。財墓胎，糧草不發也。財空絕，或卦無財者，糧草缺絕也。子化財者，呼庚⑤鄰國也。財加武動者，下人偷竊也。內兄動剋財者，督餉侵漁也。外兄動剋財者，敵人劫掠也。

子旺相，先鋒謀勇也。子衰墓，懦弱無能也。子空絕，先鋒有難也。子化敗死墓絕胎，必敗績也。子帶大殺動，剋應爻者，先鋒衝突取勝也。子旺受刑害剋沖者，勿輕出也。子衰而得日辰動爻生合者，用多取勝也。子旺而動剋衆官者，用少取勝也。子化兄者，將弱而功成也。子化父者，兵驕而致敗也。世下伏子合應者，先鋒降敵也。加日辰生子者，必被人唆使而降仇也。

兄旺動，有埋伏也。若來沖世衝子者，防劫營也。兄如暗動來沖者，防奸細也。欲知何日來犯，則在兄爻生旺日時也。

鬼衰靜，敵懼怯。鬼旺動，敵勢盛也。更加財動助之者，則詭計多端，變詐百出也。鬼空者，敵必滅。內外無鬼，與鬼墓絕胎者，敵必遁去也。鬼衰得扶，勿窮追也。鬼帶亡神、劫殺在內卦動者，防奸細也。如得世爻旺動傷剋鬼，奸細必擒也。世鬼動，而生合應者，以無援而降也。卦無財，而應剋世者，以食盡而斃也。

注釋

①懾（shè）服：因畏懼而屈服。

②伏戎（róng）：埋伏軍隊或刺客。

③狎侮（xiá wǔ）：輕慢，戲弄。

④疏虞（shū yú）亦作「疎虞」。詞疏忽，失誤。

⑤呼庚：也稱「呼庚癸」，乞糧的隱語。語本《左傳·哀公十三年》：「吳申叔儀乞糧於公孫有山氏……對曰：『粱則無矣，麤則有之。若登首山以呼曰：『庚癸乎！』則諾。』」

四、五行

木為舟楫，火為營寨，土為炮石，金為刀刃，水為水泉也。

木旺動，利舟師也。木旺，舟大。木衰，舟小。木空絕，無舟也。

又青龍為船舵，為左也。白虎為檣帆①、錨鏈，為右也。勾陳為平基、跳板，為中倉也。騰蛇為索纜也。朱雀為煙灶，為船頭也。玄武為撓頭、擋浪，為後稍也。旺相新，休囚舊，空則無，沖則破漏。受刑害剋，及木持動鬼，與木下伏鬼者，必損傷也。

伏土鬼者，舟湊淺也。伏火鬼者，舟燥裂也。伏金鬼者，釘眼處損也。

又木帶鬼者，賊船也。

火動生合世者，立營得地利也。火動沖剋刑害世者，立營失地利也。火鬼持世動者，被賊圍也。火鬼貼世者，賊寨相近也。火旺，營大。火衰，營小。火空，營危險。火絕，無出路也。火動，利遷營。火鬼傷世，防劫營也。加龍，賊左來。加虎，賊右來。雀前來，武后來。勾蛇，四隅來也。

陽土鬼旺動，帶大殺來刑害剋沖世者，防炮石也。陰土鬼旺動，帶陰殺來沖刑剋害世者，防陷阱也。世爻、子爻臨陽土，傷應傷鬼者，利用炮石也。臨陰土，傷應與鬼者，利用機阱也，當于應爻、鬼爻死墓絕胎之方設伏也。金旺，兵甲新。加龍雀虎者，光明耀日也。金衰，兵甲舊。加勾蛇武者，鈍敝②無色也。金胎墓，弓櫜戈戢③也。金動，將戰鬥也。金動帶刑刃，戰必傷人也。金空動，鉦鼓④齊鳴，兵刃既接也。

水旺則盈，衰絕則竭也。申爻旺動者，有水，以八卦定其何方。初爻旺動者，有井，以十二支神定其何方也。申為水源，初爻為井。初爻庚子水，屋下有井。甲子水，門前有井也。初木動，樹下有井。初值土，水濁。初值火，井乾。初土空，有一池也。水鬼旺動剋世者，敵將灌水也。水子旺動剋應者，我可囊沙也，或用背水陣也。陰水兄旺，動剋應者，渡冰踏雪，夜晦擒賊也。

注釋

①檣帆（qiáng fān）船上的風帆。
②鈍敝（dùn bì）：破敗，不鋒利。
③弓櫜（gāo）戈戢（jí）：指收藏干戈弓矢。後指停息戰事。
④鉦（zhēng）鼓：鉦和鼓。古時行軍，擊鉦使士兵肅靜，擊鼓使士兵前進。後用鉦鼓為軍事的代稱。

五、日辰

日辰為我兵也。

日辰生合世爻、子爻者，士卒用命也。沖剋世爻、子爻者，兵驕難制也。世爻、子爻剋日辰者，上不惜下也。加龍德、喜神動者，將帥御下嚴肅也。日辰剋應、剋鬼者，我兵勝也。應爻、鬼爻剋日辰者，敵兵強也。

日加龍動生世者，在內卦，則兵守紀律。在外卦，則作止聽令也。

日加雀喜動者，善間諜也。加日雀鬼旺動逢空者，在內，則造言興謗。在外，則探聽無實也。

日加勾土鬼動者，在內，則阻令不遵。在外，則退縮不進也。

日加蛇鬼動者，在內，則詭譎多端。在外，則興妖惑眾也。

日加虎鬼動者，在內，則偏強難馴。在外，則輕敵僨①事也。

日加武鬼動者，在內，則矚垣竊聽。在外，則攫功利己也。日加武鬼，帶天賊、天盜、劫殺旺動剋世者，內則竊符盜印，外則掠婦劫財也。

注釋

①僨（fèn）：敗壞，破壞。

易隱卷五

明　東粵遊南子　曹九錫　輯
男　橫琴居士　璿　演

墳塋占

遊南子曰：「占風水者，首觀山局之完虧，二推山運之否泰，三察形勢之壯麗，四考坐向之吉凶，五詳人地之生剋，六看穴情之真假。然後案山、明堂、龍、虎、靠山、來龍、水口，次第以審，其為順為逆，孰護孰傷，而堪輿①之事畢矣」。

注釋

①堪輿（kān yú）：即風水，指住宅基地或墓地的形勢。亦指相宅相墓之法。「堪」為高處，「輿」為下處。

一、買地成否

以世爻、身爻為主。

世有生扶，而身空者，地雖稱意，事恐不成。身無傷損，而世空者，風水無破，而主意不欲。卦身無藏，則不必論。

二、六親墳塋定位

分宮看何爻傷剋身世，又看何爻空死敗絕，及被四直動爻刑害剋沖，即知此墳無氣，不利於我也。若分宮旺相無傷，而生合身世，便是佳城。此祖宗墳墓大概之占也。

又巳葬之穴，以鬼為屍。鬼旺生合身世者吉，沖傷身世者凶。鬼無氣，而世有氣，已非此地所蔭也。世無氣而鬼有氣，墳必蔭在他枝也。

鬼谷分爻		
六爻	祖墳	曾祖墳
五爻	父墳	父墳
四爻	妻墳	祖墳
三爻	叔伯兄弟墳	曾祖妣墳
二爻	母墳	母墳
初爻	子墳	祖妣墳

三、山局山運

占壙先以局數為主。

大象有情，方可斷其山明水秀，人傑家肥。如本局值三傳，刑破剋空，斷主人財雕落。欲知何年興敗，當以局上所主爻起運，又將占人本命合推。如世局屬木，本命屬土，即土命子孫不利。倘運值財福旺相，帶進神者，即地運發，而財丁盛。運值父兄，加刑害破空敗絕、退神者，則地運退，而人財消。值財祿德合旺生者，發富。官貴祿馬生旺者，發貴。若鬼加羊刃、天刑、亡劫、孤寡、二耗、大殺者，必遭禍重重，出孤寡敗絕也。

如占得《既濟》卦，世爻屬水，三合論之。亥卯未，乃木局也。

又世爻亥水一數，應爻子水亦一數，其二數，乃二行運也。即於世上起二數，隨陰陽順逆行之。每限管二十年，小限五年一爻[1]，以世爻相生之數論之。如《既濟》卦，世屬亥水，水生木，木數三，亦從世上起數，隨陰陽順逆行之。則大限在四爻，小限在五爻也。興敗榮枯，依神殺斷。出郭璞《八神筮法》。

高鶴滄曰：「三合之局，取始生、中旺、後墓也」。

惟世持子午卯酉，得四直動爻又來會局，則主富貴綿遠，繩繩不絕也。若有生而無墓者，先發後衰。有墓而無生者，先衰後發。如世不居於四正，子午卯酉。而在生墓之鄉，亦得四直動爻來會局者，則但得此山之餘氣而發福，非真龍正穴也。至卦中但見生墓，而無主象者，特假局耳。安冀其繁衍螽斯①，奮揚鵬翩也哉。

注釋

①螽（zhōng）斯：《詩經》篇名。《詩·周南·螽斯序》：「螽斯，后妃子孫眾多也，言若螽斯不妬忌，則子孫眾多也」。後用為多子之典實。

校勘記：

㈠「爻」，原本作「官」，疑誤，據其理及文意改作。

四、形勢

以卦身斷。

身在《乾》，勢如龍馬奔驟。《坤》如牛眠平坦，《坎》如豕臨溪澗，《離》

如飛鳥伏龜，《震》如龍蛇蟠曲，《巽》如錦雞振羽，《艮》如伏虎眠犬，《兌》如羊隊紛紜也。

《隗炤形勢歌》曰：「子身值隴地横簪，丑是横山華蓋心。寅似鼓形安側頂，卯為旗翼帶腰裙。辰為釵插名姝首，又似飛禽與落鴻。巳乃簸箕中一聳，午如龜背後參成。未乃鑰匙灣裡穴，申為荷葉背中陳。酉似彎刀並響板，戌似鴛鴦定藕心。亥乃蓮心邊外立，細分凶吉假和真」。郭璞曰：「戌似老人扶拄杖，亥如戴笠一仙人」。

五、坐山

以世爻斷。

世爻生旺，山高厚。死墓絶胎，山低小微薄。

世持寅申巳亥，山雄地壯。持子午卯酉，正大開朗。持辰戌丑未，平洋寬闊。逢生合，而夾輔有情。帶殺沖，則欹斜①破相。帶破軍、破碎殺亦然。臨貴喜龍德，坐山尊嚴。臨福，坐山秀氣。加龍，形狀巍峨也。臨財，山尖奇。加龍，山兩脈來也。

世臨長生木，在《震》《巽》宮者，必近繁林。衰則凋落也。世會金局，在《艮》宮旺相者，四邊石嶺重重也。土局在《坤》宮旺相者，近田舍也。火局在《離》宮旺相者，山無樹木，近窯靠爐冶、鬧市也。水局在《坎》《兌》宮，旺相者，近溪潭也。

注釋

①欹斜（qī xié）：歪斜不正。

六、辨穴墓向

內為穴，世是也。外為墓，世墓之支神是也。世沖者為穴向，墓合者為墓向也。向爻、墓爻，卦中不必明見。

如《姤》卦：

丑爻持世，丑沖未為穴向。丑土墓於辰，辰合酉，酉為墓向。若被日辰動爻屬申，隔斷未酉二向者，

《易隱》卦例：教 029		
乾宮：天風姤		
本　　卦		
父母壬戌土	▅▅▅▅▅	
兄弟壬申金	▅▅▅▅▅	
官鬼壬午火	▅▅▅▅▅	應
兄弟辛酉金	▅▅▅▅▅	
子孫辛亥水	▅▅▅▅▅	
父母辛丑土	▅▅　▅▅	世

主金井與墓門向道各別也。

又墓穴之向，本不相異，但不隔斷，便言內外同向，不可拘泥。出《八神筮法》。

七、穴向

世為穴，世沖之支為穴向。

世前二爻為穴前，世後二爻為穴後。惟歸魂卦，為往外復內之象，獨以二爻初爻為前，四爻五爻為後。

如世值子，向在午也。然惟世爻旺靜，日辰生扶，則依此斷。

如世動，或日建沖剋世，則將世前一爻相生者定向道。

若前之爻又與世剋，則以前為後，以後為前，取持世對沖者定向道。如世本屬子，反言坐午向子也。出耶律先生《錦囊集》。

凡向道與四直生合，或帶貴福德祿生旺，必是迎官就祿，其向吉利。如向逢四直刑害剋破，或臨空敗死絕，加亡劫殺刃者，必向凶方。

二十四向中，惟辰戌二向為天罡河魁、天羅地網，貴人不臨之地，向之不吉也。

八、前後妨害

凡前後爻，日辰臨父動，來刑害剋破世爻者，有屋宇妨墳也。日臨福動傷世，有道路妨墳也。日臨財動傷世，有樓閣喬木妨墳也。日臨兄動傷世，水口門戶妨墳也。日臨鬼動傷世，陽則廟社妨，陰則墳墓妨也。木鬼動傷世，遇長生，松柏妨。遇死絕，篁竹妨。遇墓，墳木妨也。加龍，橋道妨也。

火雀鬼動傷世，遇長生，窯灶妨也。

土勾鬼動傷世，旺則古廟城墎妨，衰則古墓妨也。

火蛇鬼動傷世，道路妨也。

金虎鬼動傷世，石崗相妨，或山峰如刀刃者相妨也。

玄水鬼動傷世，生旺則溪澗流泉相妨。死墓絕胎，則枯池竭澤相妨也。

其妨害之方，以八卦斷之。

九、人地論

陰宅以內卦為地，外卦為人。若內外俱旺相，即知地靈人傑。內外俱衰空者，即知墳塋無氣，財丁消損也。內剋外，人丁損失。外剋內，便作吉祥。內生外，子孫繁衍。外生內，後代平常。

要知何枝榮謝，但看外為何卦。《乾》《坤》為父母，包舉眾房。如外屬《乾》《坤》，受內卦之生者，眾房皆吉也。外屬《震》《巽》，為長房。如受內卦之生者，長房吉也。外屬《坎》《離》為二房，《艮》《兌》為三房。如受內卦之剋者，中房、三房不利也。其禍福之應，俱以神殺之性言之。見《家宅占》。

欲知應於何年，但以一《坎》，二《坤》，三《震》，四《巽》，五寄《坤》，六《乾》，七《兌》，八《艮》，九《離》斷之，即知其幾年後應也。此大象之說也。

若大象休空，則取二爻為地，五爻為人。二爻旺相，吉地興隆。五爻旺相，人丁茂盛。二爻休囚，地不發福。五爻衰則丁少，空則丁絕。人剋地，主修改培植。地剋人，主人眷災迍。惟二五比和、生合者吉也。

欲知何枝興敗，但以墳爻為主。看分宮。墳上一爻為長房，上二爻為四房，上三爻為六房。墳爻為二房，墳下一爻為三房，下二爻為五房。其禍福之應，亦以神殺之性斷之。

欲知應於幾年，則以一水、二火、三木、四金、五土之數斷之。旺相加倍，休如數，囚死減半也。詳見《家宅占・墳墓》。

十、已葬之穴

已葬之地，以世為穴，鬼為亡人，父為家長，兄為卑幼，財為家業，子為祭主也。世空，穴不正。

世持水鬼，與《坎》宮水世者，穴中有水也。世持辰巳，帶勾陳殺，與《巽》宮木兄持世動者，穴有地風也。《巽》為風，兄主風，又木動為風也。世持空虎，穴生白蟻，或貓狸穴塚也。空空亦然。世持龍德貴喜，穴乾淨。值長生，中有壽域。

陰世陰宮，寒冷之地。陽世陽宮，高爽之區。

鬼空，屍腐毀也。鬼敗絕，荒墳無氣。鬼空旺，穴破骨存也。卦無鬼，與遊魂卦，鬼動者，魂不入墓也。卦無子，或子空絕，或世父旺動者，出獨夫。卦無財，或財空絕，或世兄旺動者，出鰥夫。卦無鬼，或鬼空絕，或子世旺動者，出寡婦。卦無父，或父空絕，或財世旺動者，出孤子。卦無兄，或兄空絕，或鬼世旺動者，主只影也。

三傳生合子者，多男。生旺者聰俊，衰逢合生者，丁少而不絕。加官貴者，發科甲。加龍貴者，多財藝。加刑刃者，出凶徒。加德喜者，出善良。子逢衝動，離祖過房。空子扶世，假枝興旺。陰子下伏鬼，與陰子化陽子者，招婿成家也。

財帶祿旺靜者，發富。財化鬼兄，空破敗絕者，貧也。子逢劫墓，子息傷也。父空帶劫殺動，陽損父，陰損母也。財墓帶陰殺動，陽傷妻，陰損妾也。世臨財帶勾殺動，主發掘也。

子化子，小口災厄。財化財，妻奴逃散。父化父，改舊葬新。鬼化鬼，葬地不祥。兄化兄，門戶荒涼，家多爭競也。

鬼旺靜，亡人吉。太歲與五爻生子者，子孫貴。太歲、五爻，俱為天子。世旺身生，官入墓者，陽發而陰泰也。富貴、貧賤、帶疾，詳見《身命占》。

十一、未葬之穴

未葬之地，以世為主山。二爻為正穴，螣蛇為旁穴，父母又為墳地也。二爻空破絕者，無正穴。螣蛇空破絕者，並無旁穴也。卦無子，風水散亂也。無兄地勢不住，無脈也。無父穴不結，無鬼穴無氣。無財山無本，子孫貧，不出貴也。穴臨月破、白虎，有古塚也。穴臨空鬼，必廢穴也。穴持鬼墓，有舊墳也。穴爻左右空，有風吹穴也。穴臨四廢，主廢棄不用也。

十二、穴高低

以世為用。

世逢生合，葬低。逢沖，葬高。初二世葬低，三四世葬半山，五六世葬高也。世旺者，依此斷之。如世值死墓絕胎，或三傳刑害剋沖，則又平洋也。卦逢八純、遊魂，主陰陽反背，葬于背隴石崗也。凡六沖之卦，水走沙飛。純陰不生，純陽不化，無因獲福。雖安靜，不宜也。又世化水沖者，主為洪浸漂沒也。

十三、案山

以應爻及朱雀為案也。

應爻帶雀，案山兩重。應雀旺而世衰，坐山低，案山高。應雀死墓絶胎，而世生旺，坐山高，案山低也。雀應生合世，端正有情。空動，則案山不正。帶殺逢沖，則欹斜破相。帶貴祿生旺，案山聳秀。

金案圓秀，或如覆釜①。在《艮》宮者，前有石也。木案頭圓身尖，旺則如文筆，衰則書筆也。水案低曲而動，有波浪起伏也。火案尖秀有穎鍔②，旺則筆架峰也。土案方平臃腫，旺如禦屏，衰如横幾也。

應如雀火旺動，山必火燒，四邊逼窄，朝高而坐低，得水動制之乃吉。火雀靜，氣色崢嶸。火雀帶父出現，必文筆案。雀加土動，逢月日刑沖，朱雀開口也。

又雀動者，案山有人行路也。

應臨龍，盤龍案。龍加貴，文峰秀傑。值武，迴龍顧祖，衰則探頭側面也。加勾，四山環聚。加蛇，案如蜈蚣蜒蚰③。加虎，案峰如刀劍，且有石也。應臨鬼墓，對山吉地累累也。

注釋

①釜（fǔ）：古炊器。斂口圜底，或有二耳。

②穎鍔（yǐngè）：指刀劍的尖和刃。

③蜒蚰（yán yóu）：軟體動物。形似蝸牛，無殼，有觸角。俗名鼻涕蟲。

十四、明堂

以間爻為用。

間爻旺相，明堂寬闊。休囚者，狹窄也。應生世者開洋，應沖世者逼迫。間空墓絕胎者，局促。靜者聚窩，動則泄瀉。臨月建者，明堂容萬馬也。水加貴祿龍喜，動來生合間者，四水歸堂也。

間值庚寅、辛卯旺相，松柏蓊鬱也。戊㈠辰竹也，癸未㈡桂也。

《乾》宮午爻旺，有石馬也。寅爻旺，有石虎。加貴祿，有石朝官也。《兌》宮未爻旺，有石羊。金虎加父旺，有石碑。金化金旺相，有華表柱也。應爻土見土，明堂關鎖也。

虎易按：此節文字，原版卷五第四至第八頁已無，無法確認原文。後來的版本，原句作「戊辰竹也，己未桂也」，疑其文字有誤。考前句「庚寅、辛卯旺相，松柏蓊鬱也」，是以其納音之象類比。則「戊辰竹也」，當是「戊辰」之誤。因「戊辰」納音「大林木」，有叢生之象，類比竹比較恰當。「己未桂也」，當是「癸未」之誤。因「己未」納音「天上火」，與「桂」的屬性是不相協調的。應該以「癸未」納音「楊柳木」，類比桂樹比較恰當。供讀者參考。

校勘記：

㈠「戊」，原本作「戌」，疑誤，據其理及文意改作。

㈡「癸」，原本作「己」，疑誤，據其理及文意改作。

十五、龍虎

以青龍、白虎爻為用。

旺相高大，囚死低遠，空則缺凹，動則路遙，絕則無龍虎。遇財福吉神，端圓尖秀。逢兄鬼惡殺，傾欹無情。

龍在寅卯辰者，為真龍。虎在未申酉者，為正虎。龍入辰，虎入寅，與財化財，福化福，或日建龍虎，會月建龍虎，俱重龍重虎也。陽為雄，陰為雌。龍虎生合世，就身起龍虎為案，拱抱有情也。在世前者，為逆龍逆虎。在世後者，為順也。龍逢沖，虎生世者，龍去虎迴也。虎逢沖，龍生世者，虎去龍迴也。龍虎比和世者，左右齊到也。龍虎相沖者，鬥也。龍剋虎，龍強虎弱也。虎剋龍，虎過明堂也。

持世者，龍虎緊抱也。貼世者近，剋世者逼穴也。持世旺相者，左右山高壓也。旺相逢沖，龍虎昂頭也。世剋龍虎，沙走竄也。龍虎動，左右有人行路也。鬼墓臨龍虎，左右臂上有墳也。鬼墓逢空，穴已破也。

木加龍虎穴動，左右有折樹也。武帶金刃剋木，樹被盜斫也。值水則近水，生旺者活泒①，囚死者池塘也。水逢月日剋合者，死水。得金動生之，則水死而流長也。又如子水在北，遇午日沖之，斷為東西。餘倣此。見《錦囊集》。

值金，旺則帶石嵯峨②，衰則為城坳③也。

值水，加財福旺相，則林木蓊鬱。加兄鬼囚死，則落籜④凋林也。

值火，生旺，則左右有人家。死墓絕胎，則有冷屋。帶鬼，則為庵廟也。火空動，山焚燒也。火加龍動，為擺尾。火加虎動，有絕墳也。

值土，旺則山峰壯麗，衰則低小凹缺。土旺逢生，左右有人家煙火。衰逢鬼，非古墓，必冷廟也。

《管公口訣》曰：「二木在《震》，迴轉青龍。二金居《兌》，昂頭白虎」。木見木，青龍重重包裹，主發福綿長也。木見火，雙龍加護，外龍不轉，而本龍轉也。木見土，龍在東住也。逢空，則長房絕。不空，則長房吉也。木見水，龍龍相護，主出善人，而無嫉妒也。木見金，春占不絕，秋占主絕也。此言青龍。

金見金，主有頭無尾，三房絕也。金見火，主發財，子孫為雜職官也。金見水，主伏龍重重，後代出賢能也。金見木，主白虎藏頭縮足，中斷漏風，宜補種松竹也。金見土，主白虎三層，迴轉到穴，世代出英傑也。此言白虎。

注釋

①汖（pài）：古同「派」，水的支流。

②嵯峨（cuó é）：形容山勢高峻。

③墈（kàn）：險陡的堤岸。也指地面突起如牆的土堆。城墈：指用土堆積的城牆。

④籜（tuò）：竹筍上一片一片的皮。

十六、後山

以玄武為用。

臨金圓秀，木高聳，水彎曲，火尖銳，土方平也。武空，龍掘斷。武動，山后有路。武空動，來山不正。武土空，後背寒冷。武土動，後有池潭。武加水入《坎》宮，北方有水，動則水走無情。武加水動沖世，常有賊水也。

十七、龍祖

以勾陳為用。

勾持世者，來龍必遠，一起一伏，如活龍也。勾入子，狀如巨浸滔流，層波疊浪也。勾入丑，狀如怒牛脫靷①，且奔且顧也。勾入寅，狀如虎走，足躍尾搖也。勾入卯，狀如脫兔跳躍，忙奔也。勾入辰，狀如龍行蛇蜒，起伏也。勾入巳，狀如驚蛇，盤旋屈曲也。勾入午，或加天馬、驛馬，狀如馬騍，逆上斜轉也。勾入未，狀如羊隊紛紜，踴躍爭先也。

勾入申，狀如瓜藤延引，蔓蔓不絕也。勾入酉，狀如鸞鳳翔舞，群雀相隨也。勾入戌，狀如步兵荷戈，且戰且卻也。勾入亥，狀如河流九曲，委折生情也。勾逢沖剋，來脈受傷也。勾生合世，來脈有情也。勾空動者，依山淺葬也。勾帶祿馬官貴，得四直生扶者，龍必貴也。帶亡劫、刑刃、大殺，被四直剋傷者，龍必凶也。勾帶勾陳殺，在《坤》《艮》宮，加鬼動者，地龍下有邪祟潛藏也。

注釋

①靷（yǐn）：古同「紖」。牛鼻繩。

十八、水口

以六爻為用。

六爻生合世，水口有情。加貴馬龍德財子者，水口重重關鎖也。六爻刑害剋世，水口無情，或割腳也。沖世，則水射心肋也。日辰帶貴祿龍德來沖，或羅星塞水口也。火見水合勾陳，一針水口也。水加父動，為丘浮水面也。水加鬼動，鬼把城門也。

六爻寅木，五爻伏亥水者，水口有橋。旺高，衰低也。寅為人馬之宮，故云橋道。

寅下伏子水，水口有船舫①也。

又水旺木衰為橋，水衰木旺為船舫水閣②也。

蛇加福動，水口有路。雀加財動，水口有煙火人家。虎加鬼動，水口有廟也。

鬼屬火，趙玄壇③、五福祠也。屬水，觀音、三官、玄帝、龍王祠也。屬土，

土穀祠。屬木，東嶽帝祠。屬金，關帝、釋伽、及金妝像也。

六爻帶亡劫、刑刃、大殺來沖剋世者，行至山運衰處，必被禍也。

《坎》宮蛇水世動者，水環繞也。水動何爻，即知何方。間爻動，水動，有腰帶

水也。若卦無水爻者，但從玄武斷之。玄武生旺，水汪洋也。空絕墓胎，乾流

也。旺空，水散漫也。休則淺近，囚死則停蓄，死水也。

注釋

①船舫（fǎng）：泛指船。

②水閣（gé）：臨水的樓閣。一般為兩層建築，四周開窗，可憑高遠望。

③趙玄壇：神名。相傳其姓　趙名朗，字公明。秦時得道於終南山，道教尊為正一玄壇元帥。故舊時各地有玄壇廟，民間奉為財神。

十九、辨土色

以世爻為用。

土黃，木青，水黑，火赤，金白。

又龍青，雀蛇赤，勾黃，虎白，武黑也。

若龍加土，則青黃二色。雀蛇加木，則紅青二色。勾加水，則黃黑二色。虎加水，則黑白二色。餘倣此。

世逢六合，五色備也。逢三合，有三色也。土之深者，看世下伏神。

二十、辨穴中物

以世持墓爻，世下伏爻為用。

世持財墓，穴中有財物也。

臨金，有五金物。旺則金銀，衰乃銅鐵也。

臨木，逢死絕，下有朽木。伏下木爻，刑害沖剋世者，下有樹根侵棺也。

臨巳蛇，下有蚓蛇。臨寅虎，下有蟻穴。臨玄水，世在《離》宮者，下有龜蟹也。

世持鬼墓，下有伏屍、古塚。世持兄墓，下有孔竅。
世持金、伏金，值月日長生者，下有石也。

二十一、辨何物傷穴

寅爻帶劫殺沖害穴爻，旺則狸貓穿穴，衰有白蟻也。
臨子，鼠也。臨卯，兔也。辰巳，蛇蚓也。戌為獾狗，亥為獾豬也。臨丑未，
牛羊踐踏。臨申酉，石角侵傷也。

二十二、辨棺槨

世財值辰戌丑未者，土槨。寅申巳亥者，石槨。子午卯酉者，火化骨葬也。
財鬼不見，棺槨俱無。鬼傷財空，棺槨粗惡也。

二十三㊀、辨葬法

已葬之墳，看鬼伏處。鬼下伏金火，骨葬也。鬼下伏水木土，棺埋也。未葬之穴，看鬼生方。鬼生金火，宜骨葬也。鬼生水木土，宜棺埋也。

校勘記：

㊀「二十三」，原本作「二十二」，編目順序與上節重複，疑誤，按編目順序改作。後面的順序，依次順延，不另行說明。

二十四、辨墳多少

世爻、穴爻持旺鬼者，即以一水，二火，三木，四金，五土之數斷之。休減三分之一，囚死減半也。鬼化鬼亦同斷。又世爻、穴爻值辰土，則凡年月日時，及旁爻、伏爻、化爻屬水土者，同墓於辰也。三四位，三四墓。五六位，五六墓也。陽男墓，陰女墓也。金墓丑，木墓未，火墓戌，同斷。

加龍旺相，新墳。加虎休囚，舊葬。動逢合者，新墳。沖又空者，舊葬也。值空絕者，絕墳。值胎養者，有小兒墳也。世鬼同墓者，家人共葬。應鬼同墓者，外人共葬也。

二十五、侵地為墳

世並日辰剋應者，我侵人地作墳也。動爻與應爻，並日辰剋世爻、穴爻者，人侵我地為墳也。

二十六、出殯①

世持衰空，出殯零落。世逢生旺，擊鼓鳴鐃②。咸池羊刃剋世，葬日凶徒撓阻。貴人祿馬生世，埋時貴客送迎。

《乾》《離》宮火雀加福動，葬日天晴。《坎》《兌》宮水玄加父動，埋時雨濕。《巽》宮木兄動，須防風暴㊀。《坤》《艮》宮土兄動，必起陰雲。《震》宮木鬼動，風雷交作。

財動者，久雨得晴。父搖者，久晴忽雨。火化水而子化父，先晴後雨。內水父而外火福，先雨後晴也。

注釋

①出殯（bìn）：把靈柩運到埋葬地，或殯儀館舍，寄放的地點。
②鐃（náo）：銅質圓形的打擊樂器，比鈸大。

校勘記：

㊀「暴」，原本作「豹」，疑誤，據其文意改作。

二十七、遷墳

凡葬而復遷者，以內卦與二爻為屍，外卦及五爻為地也。龍外動宜遷，虎外動宜守。內衰空宜遷，內生旺宜守。鬼化福宜遷，財化鬼宜守。刑害變生合者，遷後亨通。財祿化破敗者，遷後消耗。

鬼動者可遷，父動者必遷。財化財，父化父，鬼化鬼，兄化兄者，宜遷。四直動爻來沖者，宜遷。遊魂、八純卦，逢世動者，必遷也。遊魂化歸魂，六沖化六合者，猶豫不決也。鬼動逢空逢合者，有人阻止也。鬼動而遇日辰沖剋者，欲遷而無資也。

二十八、客死客葬

遊魂卦，逢鬼外動者。穴逢空，而墓於外卦、應爻者。鬼動墓於外卦、應爻者。皆主死葬他鄉也。

鬼空、穴空、墓空者，主倒路死，而無埋葬之地也。否，亦招魂附葬也。

二十九、辨凶亡少鬼

以鬼殺剋亡命者斷之。
日辰帶火鬼，剋亡命者，瘟疫死。
日辰帶金鬼，剋亡命者，刀兵死。

日辰帶水鬼，加浮沉、風波、浴盆殺，剋亡命者，溺水死。
日辰帶木蛇鬼，加勾絞、木狼殺，剋亡命者，雉頸死。
日辰帶金虎鬼，加吞啖殺，剋亡命者，虎咬死。
日帶金虎鬼，加病符剋者，癆瘵死。
日帶土官，加病符剋者，咽喉、脾胃、黃腫死。亡命沖土鬼者，主壓死。
日帶火鬼，加雷火、霹靂殺剋者，雷擊死。
日帶火鬼，加天火、獨火、天燭殺剋者，火燒死。衰則熱病死，或火葬也。
日帶木鬼，加大殺、天刑、羊刃，刑沖亡命者，打死。加跌蹼殺者，跌蹼死。
金木鬼，加刑刃、朱雀、官符剋者，刑杖死。
金虎鬼，加刑刃、大殺，臨亡命者，自刎死。
玄武鬼，加天賊、天盜、劫殺、刑刃，臨亡命者，為盜致死。
玄武鬼，加咸池、紅豔殺，剋亡命者，因奸致死。
玄武，加暗金、陰殺、血刃剋者，產難死也。

三十、劫塚開棺

應加玄武、天賊、天盜、劫殺，並月日衝破世爻、穴爻者，劫發墳墓也。沖剋亡命者，暴露骸骨也。世爻衝破穴爻者，自己移葬也。剋傷亡命者，暴露不埋也。《黃金策》曰：「犯天地四大空亡之殺，骸骨不明」。甲午，甲申，甲戌，壬子，壬寅，壬辰，乙丑，乙亥，乙酉，癸未，癸巳，癸卯，為天地四大空亡。

三十一、補遺

郭璞《八神筮法》曰：「凡占生墳，要本命得穴爻，與山運生旺之氣。忌穴爻山運與本命相刑害剋沖，亦忌穴爻與山運自相傷剋，空亦忌之」。耶律氏《錦囊集》曰：「《乾》宮福旺，百子千孫。《坤》象福剛，三男二女。《震》《坎》《艮》強，男子盛。《巽》《離》《兌》旺，女人多。若遊魂、八純卦，世臨兄鬼動，被月日合出者，必主為商，出繼入贅，衰則九流藝術之人也。歸魂卦，為外遊失位而復返之象，故占為失地也。《坎》卦愈凶。

餘卦亦主子孫消廢，而無福也」。

《易學空青・福德旺空歌》曰：「木若逢時枝葉茂，水如旺處愈洋洋，土若旺時生萬物，金如旺處定銷熔。金為殺氣，旺則生意漸然。得火制之，乃有用也。火位旺衰應有數，焰高頓見霎時空，金若逢空必有聲，木空則絕杳無人。水空流絕人無種，火焰騰空必化塵，土堪脫空人未絕，斷他屢屢必災迍」。

三十二、附耶律氏斷例

丙辰年、庚子月、甲午旬、癸卯日㊀，占墳塋？得《睽》之《歸妹》：

鬼為亡人，子為後嗣，財為產業，父為棺槨。占墳喜官鬼旺靜，今有氣而動，非吉也。傍爻火父，衰而又空，是墳決在古塚之畔。坐下無穴，地氣不蔭。寅屬虎，棺中非有白蟻，必貓狸入塚。本宮子

《易隱》卦例：占 013								
時間：丙辰年　庚子月　癸卯日（旬空：辰巳）								
占事：占墳塋？								
		艮宮：火澤睽				**兌宮：雷澤歸妹（歸魂）**		
六神	**伏神**	**本卦**				**變卦**		
白虎	官鬼丙寅木	父母己巳火	▅▅▅▅▅		○→	兄弟庚戌土	▅▅ ▅▅	應
螣蛇	妻財丙子水	兄弟己未土	▅▅ ▅▅			子孫庚申金	▅▅ ▅▅	
勾陳		子孫己酉金	▅▅▅▅▅	世		父母庚午火	▅▅▅▅▅	
朱雀	子孫丙申金	兄弟丁丑土	▅▅ ▅▅			兄弟丁丑土	▅▅ ▅▅	世
青龍	父母丙午火	官鬼丁卯木	▅▅▅▅▅			官鬼丁卯木	▅▅▅▅▅	
玄武		父母丁巳火	▅▅▅▅▅	應		父母丁巳火	▅▅▅▅▅	

孫，被寅動一沖，又伏丑土下，金墓於丑，子孫入墓，主損少丁。本宮水財雖旺，但嫌伏于兄劫之下，葬此地後，必退財。傍爻子孫臨世自刑，有過房子孫，及贅婿之屬，俱不利。然此卻非絕地，蓋本宮申金子孫，伏丑土下受生，但不旺人丁與財祿耳。亡人不安，子孫貧乏而不絕也。此伏藏卦，故取本宮伏神斷之。

虎易按：

一、「丙辰年、丙子月、甲子旬、丁卯日」，此時間記錄有誤。丙辰年只有庚子月，是不可能有丙子月；庚子月也不可能有甲子旬，當然就不可能有丁卯日了。據丙辰年曆法，和原卦分析，改作「丙辰年、庚子月、甲午旬、癸卯日」才是合適的。

二、「占墳喜官鬼旺靜，今有氣而動，非吉也」。指六爻下伏藏的官鬼丙寅木，隨父母己巳火動。

三、「傍爻火父，衰而又空」。指上爻的父母己巳火，非本宮父母，因此稱為傍爻。雖然己巳火旬空，在子月受剋，但有日生，又是動爻，因此不宜論為「衰而又空」。

四、「本宮子孫，被寅動一沖」，指伏藏在三爻兄弟丁丑土下的，《艮》宮子孫丙申金，被上爻下伏藏的官鬼丙寅木，隨父母己巳火動，來沖。

五、「本宮水財雖旺」，指伏藏在五爻兄弟己未土下的，《艮》宮妻財丙子水，臨月令旺。

以上分析，供讀者參考。

校勘記：

㊀「丙辰年、庚子月、甲午旬、癸卯日」，原文作「丙辰年、丙子月、甲子旬、丁卯日」，疑誤，據丙辰年曆法改作。

晴雨占

遊南子曰：「時久晴則欲雨，久雨則欲晴。而天道不可測也，於是有晴雨之占焉。而諸說紛紛，未有定論。有以分宮生剋決晴雨者，有以五行動靜決晴雨者，有以六親動靜決晴雨者。或以六神，或以天干，或以內外世應，或以八卦，各有徵驗①。大都從其旺相無傷者斷之，為不爽②也」。

注釋

①徵驗：應驗；證實。

②不爽：不差；沒有差錯。

一、占雨

初旺，濃雲，衰則薄霧也。二旺，電光，衰則熱悶也。三旺，大風，衰則微風也。四旺，大雷，衰則輕雷也。五旺，大雨，衰則微雨也。六旺動，翻江倒海，衰則陰天也。

三動剋初，風卷雲散也。三動生初，風送行雲也。二四相生，雷電交作也。三五相生，風雨驟至也。三動剋五，風發雨止也。六爻逢沖者，大雨。日合六爻者，無雨也。

鬼谷分爻	
六爻	天
五爻	雨
四爻	雷
三爻	風
二爻	電
初爻	雲

二、占晴

初旺，天晴雲密，衰則薄雲將散也。二旺，露濃，衰則薄露也。三旺，朝霞，衰則晚霞也。四旺，虹截雨，衰則浮雲也。五陽旺，皎日，陽衰，淡日也。五陰旺，月明，陰衰，月淡也。六旺，天朗，衰則天陰也。

鬼谷分爻	
六爻	天
五爻	日月
四爻	虹
三爻	霞
二爻	露
初爻	雲

初動生二，雲散露收也。初動剋五，雲掩日月也。五動剋二，日出露晞①也。五動生二，月冷露零也。五動生合三，霞隨日出也。四動剋五，虹貫日也。初動剋六，雲蔽天也。

注釋

①露晞（xī）：日曬使露水蒸發。

三、五行

占日前晴雨，以水火為憑。

水動，雨也。火動，晴也。木動，風也。土動，陰也。金動，雨也。

水靜逢沖者雨，水旺動者驟雨，衰則細雨也。水動，而遇日辰、動爻，刑害剋破者，雖雨不多也。水土俱動者，雨不多也。火衰水旺者，雨也。卦無火，與火逢空墓絕胎者，雨也。水火兩空，或水火俱無，或水靜土動者，陰也。

火旺動者午晴，衰則緩晴也。火靜逢沖者晴，水衰火旺者晴。卦無水，與水逢空墓絕胎者，晴也。火動，而遇日辰動爻刑害剋破者，晴也。水火俱動者，如水內火外，則朝雨暮晴。如火內水外，則朝晴暮雨也。水化火者，先雨後晴，或虹截雨也。火化水者，先晴後雨也。

《管公口訣》曰：「水爻生旺日有雨，火爻生旺日開晴。久雨者，水動而反晴。久晴者，火動而反雨也」。

《磨鏡藥》曰：「子為雲，又為江湖水神也。丑，雨師也。寅，風伯也。卯，雷震也。辰，霧也。巳，虹也。午，雹母也。未，風伯也。申，水母也。酉為陰，戌為陰雲也。亥為雨水，又為天河也。逢旺動者，則各以其類應之也」。嚴君平曰：「箕主風，寅是也。畢主雨，酉是也。寅酉兩動者，風雨驟至也。木空動，則無風而晴也。木朽則焚。金空動，則不雨而風也。金空則鳴。土空動，則不陰而雨也」。土崩則金現也。

四、六親

占晴，以子孫為用。占雨，以父母為用也。

子孫，日月也。父母，雨也。妻財，雲霧也。兄弟，風露也。官鬼，雷也。

子孫持身世，不空墓絕胎，而無刑害尅破者，雖安靜，亦晴也。旺動則久晴，衰動亦暫晴也。值日，則一日晴。值月，則一月晴也。父旺子衰者雨，子旺父衰者晴。父兄子兼動者，主不晴，且多風也。子動化子、化兄者久晴，子動化父者，晴變雨也。

父持身世，不空死墓絕胎，而無刑害剋破者，雖安靜，亦雨也。旺動則大雨，衰動亦小雨也。值日，一日雨。值月，一月雨也。父衰財旺者，雨少。父旺財衰者，雨多。父財鬼兼動者，久雨，且多雷也。父化父者，雨連綿也。父化兄者，風雨交作也。父化鬼者，雨後雷發也。父化財子者，雨變而晴也。父化空墓絕胎者，雨中得晴也。

財被刑沖剋害者，晴不可期也。日辰動爻合父，被鬼衝開者，見雷則雨也。日辰動爻合財，被兄衝開者，見風則晴也。父財同動者，半晴半雨也。財鬼同動者，多霧多煙也。父靜逢沖者，天變化。財化鬼，鬼化財者，陰晴未定也。兄化父者，風雨不常也。兄坐長生者，狂風浹日①也。火鬼動者，煙霧起。水福動者，電虹現。土鬼動持世者，落黃沙也。

注釋

①浹（jiā）日：古代以干支紀日，稱自甲至癸一週十日為「浹日」。

五、六神

占日前晴雨，又以雀武為憑。

《磨鏡藥》曰：「青龍，雨師也。朱雀，行火招風之神也。勾陳，興雲之神。蛇，為雹母。虎為雷電、為凍、為大風也。玄武，為水神也。逢旺動者，則各以其類應之也」。

龍臨水動者雨，龍臨木動者陰。雀入火動者晴，雀入水動者陰。雀入勾動者，雲中見日。勾臨土動者，陰霧。勾加木動者，雲霧漸開。蛇加金動者，雨中有電。虎持木動者，烈風拔木也。虎加水動者，雨。虎持金動者，旺則雪雹，衰則水霰①也。武持水動者，大雨。武持土動者，陰霧。

雀飛龍潛者，晴。龍居內，雀居外。龍升雀伏者，雨。龍居外，雀居內。雀居巢者，風徵。雀入午也，巢居知風。武入穴者，雨徵也。武入亥也，穴居知雨。

注釋

①霰（xiàn）：雪珠。在高空中的水蒸氣遇到冷空氣凝結成的小冰粒，多在下雪前或下雪時出現。

六、天干

甲乙動者風，丙丁動者晴，戊己動者陰，庚辛動者雷電，壬癸動者雨也。東方朔曰：「丙辛化水者雨，戊癸化火者晴，甲己化土者陰，乙庚化金者微雨，丁壬化木者風也」。

七、內外世應

占久遠晴雨，以內外世應為憑。

外卦、應爻為天。內卦、世爻為地也。

外剋內，應剋世者晴。內剋外，世剋應者雨。外卦《乾》《離》，加火雀爻動者，久晴。外卦《坎》《兌》，加水武動者，久雨。外卦《坤》《艮》，加兄虎動者，煙霧騰空。外卦《巽》，加兄虎動者，狂風拔木也。外卦《震》，加虎鬼動者，疾雷傷人。如冬月無雷，主大風怒號，林木振響也。

外《坎》化《離》，雨變晴也。外《離》化《坎》，晴變雨也。外《坎》化《兌》、《兌》化《坎》，雨雪連綿也。外《坎》化《巽》，風雨交作也。外

《震》化《坎》，雷雨交作也。外《離》化《乾》，天朗氣清也。外《坎》化《坤》《艮》，陰霧朦朧也。

世空者，無雨也。應空者，祈雨不雨，祈晴不晴也。應生世者，天澤下降而雨也。世生應者，地氣上升為雲也。久雨久晴者，應空則止也。應剋父世者，應爻值日則晴。應剋子世者，應爻值日則雨也。世應三合財局者，不雨。三合父局者，不晴也。

八、八卦

純《乾》純《離》晴，純《坤》純《坎》雨也。純《震》純《巽》，飛砂走石，霾晦㊀①蔽日也。純《艮》，久雨久晴皆止也。純《兌》，雨也。

《晉》、《大有》、《同人》，晴也。

《小畜》、《小過》，密雲不雨也。

《既濟》、《未濟》，日出雨下，乍晴乍雨也。

《隨》、《臨》，即雨也。

《屯》、《解》，雷雨也。

《明夷》，天晦也。
《泰》、《需》、《比》，昏暗也。
《噬嗑》，雷電也。
《觀》、《升》，風發也。
《中孚》、《大過》，雨雪也。
《蒙》、《咸》、《蹇》，雨也。
《渙》，風後雨也。
《井》，雨後風也。
《萃》，細雨也。
《否》，不雨也。
《旅》，晴也。
《訟》、《大壯》，雨也。
寅午日，晴也。

注釋

①霾（mái）晦：昏暗。

校勘記：

㈠「晦」，原本作「山」，疑誤，據其文意改作。

九、期日

用動，則以六合之日為期也。用靜，則以衝動之日為期也。用伏藏旺相，則以用爻值日為期。用出現休囚，則以生旺之日為期也。

朝廷占

遊南子曰：「朝廷之占，與臣庶①異。以世爻所居之卦為國也。世爻為君，五爻亦為君也。主上自占，以世爻為用。臣庶代卜，以五爻為用也。應為後，二爻亦為後也。子孫為國儲，妻財為妃嬪②，亦為帑藏③。父母為城池，兄弟為劫神，官鬼為

月令／神殺	正月	二月	三月	四月	五月	六月	七月	八月	九月	十月	十一月	十二月
八妖	午	未	申	酉	戌	亥	子	丑	寅	卯	辰	巳
晴郎	午	未	申	酉	戌	亥	子	丑	寅	卯	辰	巳
風殺	申	未	午	巳	辰	卯	寅	丑	子	亥	戌	酉
雨殺	子	卯	午	酉	子	卯	午	酉	子	卯	午	酉
雷殺	巳	申	亥	寅	巳	申	亥	寅	巳	申	亥	寅
月符	辰	辰	辰	未	未	未	戌	戌	戌	丑	丑	丑

奸賊也。又初爻民，二爻士，三爻大夫，四爻公卿，五爻天子，六爻宗廟朝廷也。察各爻之生剋旺衰，而國家之利弊興替，已了若指掌也。若乃卜世卜年，又自有一法焉」。

注釋

①臣庶（chén shù）：猶臣民。即大臣和平民。
②妃嬪：帝王的妾侍。妃，位次於后；嬪，位又次於妃。
③帑（tǎng）藏：古時收藏錢財的府庫。國庫。

一、大象

世爻所居之卦為國。

旺相，則國治，而天下平也。胎沒次之，死囚休廢，則國祚①陵夷②也。空亡，則巡遊無度也。衝破，則疆圉③不固也。刑剋，則奸宄竊廢也。受害，則臣庶離心也。

歲生旺官者，國運炎隆也。歲剋衰卦者，宗社將傾也。

鬼帶亡劫，在內卦動者，防奸細也。鬼帶亡劫，暗動傷身世者，有陰謀也。金鬼帶大殺，臨旺宮動者，兵革興也。水鬼帶大殺，臨旺宮動者，洪浸災也。火鬼帶大殺，臨旺宮動者，旱魃④虐也。木鬼帶大殺，臨旺宮動者，稼穡癢⑤也。土鬼帶大殺，臨旺宮動者，疫癘⑥作也。鬼空動者，雖凶無害也。欲知何方，以八卦定之也。

又鬼殺值胎養長生者，亂方始也。值臨官帝旺者，亂正熾也。值死墓絕者，亂將止也。

《離》動化《坎》，將北狩也。《兌》動化《震》，思東遷也。《坎》動化《離》，欲南渡也。《震》動化《兌》，必西征也。

卦逢六合，安靜者，太平。逢六沖，亂動者，則多變故也。

注釋

①國祚（zuò）：國運。

②陵夷：由盛到衰。衰頹，衰落。

③疆圉（jiāng yǔ）：邊境；邊界；邊防。

④旱魃（bá）：傳說中引起旱災的怪物。比喻旱象。

⑤癢（yǎng）：病。

⑥疫癘（yì lì）：瘟疫。急性傳染病的通稱。

二、國君

世與五爻旺相，居陽宮陽爻者，明君。旺靜，則福主也。

帶龍喜德合福貴動者，仁主。加刑殺，則威震臣鄰也。

帶虎鬼、大殺、刑刃旺動者，暴虐不道，肆情誅夷也。

帶玄武、咸池動者，荒淫無度也。

帶兄耗、羊刃動者，多靡不節也。

帶虎鬼、死符、病符動者，體常倦勤也。休囚而被太歲沖剋，與隨鬼入墓者，殂落不久也。土鬼旺動傷世者，賊攻城也。

財帶陰貴、大殺動，傷世爻五爻者，婦寺①專權蠹國②也。父帶祿貴、大殺動，傷世爻五爻者，勳戚尾大不掉③也。

兄帶陰貴、大殺動，傷世爻五爻者，貴戚怙寵驕恣④也。子帶華蓋、大殺動，傷世爻五爻者，妖僧、方士蠱惑⑤君心也。

注釋

①婦寺：指宦官。

②蠹（dù）國：危害國家。

③尾大不掉：比喻屬下勢強，不聽從調度指揮。

④怙寵驕恣（hù chǒng jiāo cì）：倚仗帝王的恩寵，驕傲放縱。

⑤蠱惑（gǔ huò）：迷亂；惑亂。使人心意迷惑。

三、后妃①

應爻、二爻，與世爻、五爻生合比和者，好逑②也。應爻剋世，二爻剋五者，脫珥③進規也。應爻、二爻帶龍喜德合，福貴旺相者，女中堯舜④也。帶玄武、咸池者，豔妻煽處⑤也。帶父母旺相者，攻書史也。帶子孫旺相者，繁螽斯也。子動生財者，能逮下也。應居五爻陽位加太歲，紫微、華蓋、貴馬，旺相聚於一爻者，垂簾聽政也。

注釋

①后妃（fēi）：指皇后和妃嬪（pín）。

②好逑（qiú）：指和諧的夫妻關係。好配偶。

③脫珥（ěr）：借指婦女具有懿德賢行。

④堯舜(yáo shùn)：唐堯和虞舜的並稱。遠古部落聯盟的首領。古史傳說中的聖明君主。

⑤煽（shān）：火熾盛。

四、青宮①

以子孫為用。

凡三傳、動爻生合子孫，或子孫帶龍德、貴馬、福祿旺相者，賢而德位也。福臨木爻生旺者，儲德必厚也。青宮屬木。世生合子孫者，得主眷也。世沖剋、刑害子孫者，忤主心也。子臨劫殺、大殺動者，必更立也。子被四爻刑害、剋破者，防篡逆②也。四爻帶龍德生合子者，保傅賢③也。四爻帶武鬼、咸池合福者，保傅邪佞也。子帶咸池者，偏宮出也。

注釋

①青宮：太子居東宮。東方屬木，於色為青，故稱太子所居為青宮。

②篡逆：篡奪叛逆。

③保傅：古代保育、教導太子等貴族子弟及未成年帝王、諸侯的男女官員，統稱為保傅。

五、諫官①

以子孫為用。

子動剋世者，直臣匡救②也。子動刑沖世者，直臣攖鱗③也。子動合世者，諛臣④將順也。子臨歲月，動剋四爻、生合五爻者，子生旺日，必有直臣糾劾⑤權臣也。子動剋四五爻，與日辰生合者，可其奏也。與日辰刑害剋沖者，疏既不允，反遭貶責也。

注釋

①諫（jiàn）官：古時專規勸天子改正過失的官。

②匡（kuāng）救：匡正補救。

③攖鱗（yīng lín）：喻觸怒帝王。相傳龍有逆鱗，觸之必怒，故云。

④諛（yú）臣：諂諛之臣。

⑤糾劾（hé）：舉發彈劾。

六、城池

以父母為用。

旺相逢生合，則堅固。休囚遇傷剋，則疏虞也。父下伏鬼，或父動化鬼者，須防奸細臨城也。

七、帑藏

以妻財為用。

旺相逢生合，則豐盈緘固。敗死絕空，逢刑害剋破，則匱之漏卮①也。兄爻旺動，則多侵牟②。鬼爻旺動，則多耗費也。

注釋

①漏卮（zhī）：比喻利權外溢。

②侵牟（mù）：侵害掠奪。

八、奸賊

以官鬼為用。

鬼帶殺刃動，在《乾》《坤》卦，則禍起宮中。在《坎》《離》《震》《兌》，則禍起四方也。

又木鬼，東寇也。金鬼，西賊也。火鬼，南盜也。水鬼，北酋也。土鬼，四方散起也。

九、分官

初爻臨鬼，黔首①災。空則民有離心也，生旺則民安物阜②也。衰而受傷，則民遭塗炭③也。

二爻臨鬼，士子[4]災也。空則士不豫附[5]也。金空動，則士多横議[6]也。生旺加文昌，則文運盛。衰而受傷，則士多屈抑[7]也。

三爻持兄鬼，吏多貪酷。空則無良吏也。生旺帶龍喜、貴馬、進神動者，多善政。上聞，晉秩[8]超遷也。衰而受傷，加虎蛇刃劫、退神動者，簠簋不飾[9]，貶秩褫職[10]也。

四爻持鬼，公卿多好僞。空則鰥擴，不稱任也。臨子，則多忠義。子空動，則忠義掛冠也。生旺，帶貴馬龍德，遇四直生扶者，老成鎮重，夷夏[11]懾服也。休囚，遇蛇虎、鬼兄、亡劫，被四直刑害剋破者，模棱[12]伴食，朝野失望也。

五爻天子，見前。

六爻旺逢生合，則宗廟奠安，朝廷肅靖也。動衰受傷，則鬼神震恫[13]，王綱[一]頓弛也。空則饗祀[14]不舉，朝覲[15]失廢也。

《萬金賦·穿斷法》曰：「五動生初，君憂民也。三動生初，吏恤民也。四動生初，相動民也。初爻生五，民戴君也。初合三四，民服官也。三四五帶虎殺動，剋初者，民受害也。初沖剋三四五者，民胥[16]讒[17]也。五生合二者，君禮士也。三四生合二者，臣下賢也。三四合二生五者，臣薦賢於上也。二生三四者，士景從[18]也。二臨父剋五者，書生進牘[19]也。

四生剋三者，大臣能任，百官陟賢黜奸⑳也。三持財動生世者，下賂㉑上也。五生合三者，人主獎賚㉒良吏也。五生合四者，委心執政也。四生合五者，攄誠㉓報主也。四持蛇虎、兄鬼、亡劫、刑刃，而五動剋之者，黜遠奸佞㉔也。四持兇殺，而五動生合之者，信任讒邪㉕也。四持金虎鬼殺，動剋五者，大臣謀主也。得日辰動爻合制之，庶無大咎。四帶玄、咸生合五，阿諛取容也。五持父動剋四者，忠言逆耳也。四加福德將星，被五爻刑害剋破者，良將冤死也」。

注釋

①黔（qián）首：古代稱平民；老百姓。

②物阜（fù）：物產豐盛。

③塗炭：爛泥和炭火，比喻極困苦的境遇。借指陷入災難的人民。

④士子：學子；讀書人。士大夫官僚階層。

⑤豫附：謂樂意歸附。

⑥橫議：（1）. 恣意議論。（2）. 物議，非難。

⑦屈抑：枉屈；壓抑。

⑧晉秩：進升官職或等級。

⑨簠簋（fǔ guǐ）不飾：對做官不廉正者的一種婉轉的說法。不飾，不整飭。

⑩貶（biǎn）秩褫（chǐ）職：貶職，削減俸祿。或革去官職。

⑪夷夏慴（shè）服：夷狄與華夏的並稱。古代常以指中國境內的各族人民。因畏懼而屈服。

⑫模棱：喻遇事不置可否，態度含糊。

⑬震恫（dòng）：震驚。

⑭饗祀（xiǎng sì）：祭祀。

⑮朝覲（jìn）：謂臣子朝見君主。

⑯胥（xū）：古代官府中的小吏。特指古代掌管捕捉盜賊的小官吏。

⑰讒（chán）：說別人的壞話。

⑱景從：如影隨形。比喻追隨之緊或趨從之盛。

⑲進牘：進呈書表。

⑳陟（Zhì）賢黜（chù）奸：晉升和進用賢良，降職或罷黜奸佞。

㉑賂（lù）：贈送財物。

㉒獎賚（lài）：獎賞，賞賜。
㉓攄（shū）誠：竭誠。
㉔奸佞（jiān nìng）：奸邪諂媚的人。多指奸臣。
㉕讒邪：讒佞奸邪的人。

校勘記：

㊀「網」，原本作「絃」，疑誤，據其文意改作。

十、爻象

鄱陽「汪所性占例」曰：「《比》、《屯》、《豫》，利封建也。《渙》、《萃》，利告廟①也。《益》、《隨》，利郊天②也。《升》，利封禪③也。《晉》，宜受朝覲也。《屯》、《豫》，利立君也。《豫》、《既濟》、《師》、《離》、《謙》，利征伐也。《乾》，利即位也。《師》、《解》、《巽》，利田獵也。《比》、《屯》、《恒》，不利田獵也。《渙》、利發號施令也。《革》，利改朔④也。《夬》，利去小人也。《師》，利賞戰功也。《家人》，宜納后也。《歸妹》，宜嫁妹也。《蠱》，利求嗣。《井》，利改邑⑤也。《剝》、《遯》，宜選宮嬪、寺人也。《鼎》，利正位號也。《姤》、《巽》，宜頒㊀優恤之詔也。《大有》、《豐》、《泰》，天下平也。《否》，國步艱也。《大過》，國祚危也」。

注釋

①告廟：古代天子或諸侯出巡或遇兵戎等重大事件而祭告祖廟，稱「告廟」。
②郊天：祭天。
③封禪：古代帝王祭天地的大典。
④改朔（shuò）：更改正朔。借指改換朝代。
⑤改邑（yì）：更改國都。

校勘記：

㊀「頒」，原本作「斑」，疑誤，據其文意改作。

十一、卜世卜年

《易學空青》曰：「凡天子自占，以世為主也。如世爻動變者，則自世爻數至變爻，以定其世與年也。

如純《乾》卦：

《易隱》卦例：教 030

乾宮：乾為天（六沖）				坤宮：澤天夬		
本	**卦**			**變**	**卦**	
父母壬戌土	▅▅▅▅▅	世	○→	父母丁未土	▅▅　▅▅	
兄弟壬申金	▅▅▅▅▅			兄弟丁酉金	▅▅▅▅▅	世
官鬼壬午火	▅▅▅▅▅			子孫丁亥水	▅▅▅▅▅	
父母甲辰土	▅▅▅▅▅	應		父母甲辰土	▅▅▅▅▅	
妻財甲寅木	▅▅▅▅▅			妻財甲寅木	▅▅▅▅▅	應
子孫甲子水	▅▅▅▅▅			子孫甲子水	▅▅▅▅▅	

世爻壬戌動，化《澤天夬》卦丁未爻，則從壬戌數至丁未，乃四十六世。卜年，則四十六年也。

如卦變，而世不動者，則以正變二世爻數之。

如《乾》之《姤》：

自壬戌至辛丑，世則四十世，年則四十年也。

如六爻安靜者，則自所卜之年，數至世爻。

如庚寅年卜：

則自庚寅數至壬戌，世乃三十三世也，年則三十三年也。

若臣民代占者，以五爻為主也。

《易隱》卦例：教 031

乾宮：乾為天（六沖）				乾宮：天風姤		
本　　卦				**變　　卦**		
父母壬戌土	▅▅▅	世		父母壬戌土	▅▅▅	
兄弟壬申金	▅▅▅			兄弟壬申金	▅▅▅	
官鬼壬午火	▅▅▅			官鬼壬午火	▅▅▅	應
父母甲辰土	▅▅▅	應		兄弟辛酉金	▅▅▅	
妻財甲寅木	▅▅▅			子孫辛亥水	▅▅▅	
子孫甲子水	▅▅▅		○→	父母辛丑土	▅　▅	世

如甲子年，卜得《乾》卦：五爻壬申，自甲子至壬申，卜世則九世，卜年則九年也。餘倣此」。

《易隱》卦例：教 032		
乾宮：乾為天（六沖）		
本　　　卦		
父母壬戌土	▅▅▅	世
兄弟壬申金	▅▅▅	
官鬼壬午火	▅▅▅	
父母甲辰土	▅▅▅	應
妻財甲寅木	▅▅▅	
子孫甲子水	▅▅▅	

《易隱》卦例：教 033		
乾宮：乾為天（六沖）		
本　　　卦		
父母壬戌土	▅▅▅	世
兄弟壬申金	▅▅▅	
官鬼壬午火	▅▅▅	
父母甲辰土	▅▅▅	應
妻財甲寅木	▅▅▅	
子孫甲子水	▅▅▅	

十二、附古占驗

明正統己巳①，英宗既北狩？命仝㊀寅筮之。得《乾》之《巽》：

寅曰：「《乾》君象，龍變化之物也。四初之應龍潛躍，必以秋應，以庚午，浹歲②而更。庚者，更也。庚午中秋，車駕其旋乎？還則必幽，弗用故也。或躍應焉，或之者，疑之也。後七八年，必復辟。午火正，丁壬合也。歲丁丑，月壬寅，日壬子，其合乎。歲更九，躍則必飛。九者究也，《乾》之用也。南面，子沖午也。必正南面，故大吉也」。

後英宗南旋及錮南內，最後奪門復辟，年月日悉符其占。

虎易按：此例記錄，與史書記錄不符。《明史·卷二百九十九·列傳第

《易隱》卦例：占 014						
時間：明正統己巳						
占事：英宗既北狩？						
乾宮：乾為天（六沖）				巽宮：巽為風（六沖）		
本卦				**變卦**		
父母壬戌土	▅▅▅▅▅	世		妻財辛卯木	▅▅▅▅▅	世
兄弟壬申金	▅▅▅▅▅			官鬼辛巳火	▅▅▅▅▅	
官鬼壬午火	▅▅▅▅▅		○→	父母辛未土	▅▅　▅▅	
父母甲辰土	▅▅▅▅▅	應		兄弟辛酉金	▅▅▅▅▅	應
妻財甲寅木	▅▅▅▅▅			子孫辛亥水	▅▅▅▅▅	
子孫甲子水	▅▅▅▅▅		○→	父母辛丑土	▅▅　▅▅	

一百八十七・方伎》記錄如下：

仝寅，字景明，安邑人。年十二歲而瞽，乃從師學京房術，占禍福多奇中。父清遊大同，攜之行塞上。石亨為參將，頗信之，每事諮焉。英宗北狩，遣使問還期。筮得《乾》之初，曰：「大吉。四為初之應，初潛四躍。明年歲在午，其干庚。午，躍候也。庚者，更新也。龍歲一躍，秋潛秋躍，明年仲秋駕必復。但繇勿用，應在淵。還而復，必失位。然象龍也，數九也。四近五，躍近飛。龍在丑，丑曰赤奮若，復在午。午色赤，午奮於丑。若，順也，天順之也。其干丁，象大明也。位於南方，火也。寅其生，午其王，壬其合也。至歲丁丑，月寅，日午，合於壬，帝其復辟乎？」已而悉驗。

庚申年③、戊子月、甲子日，宋太祖即位，召陳

《易隱》卦例：占015

時間：庚申年　戊子月　甲子日（旬空：戌亥）

占事：宋太祖即位，召陳摶問享國長短？

	離宮：離為火（六沖）				坎宮：地火明夷（遊魂）		
六神	本卦				變卦		
玄武	兄弟己巳火	▅▅▅▅▅	世	○→	妻財癸酉金	▅▅　▅▅	
白虎	子孫己未土	▅▅　▅▅			官鬼癸亥水	▅▅　▅▅	
螣蛇	妻財己酉金	▅▅▅▅▅		○→	子孫癸丑土	▅▅　▅▅	世
勾陳	官鬼己亥水	▅▅▅▅▅	應		官鬼己亥水	▅▅▅▅▅	
朱雀	子孫己丑土	▅▅　▅▅			子孫己丑土	▅▅　▅▅	
青龍	父母己卯木	▅▅▅▅▅			父母己卯木	▅▅▅▅▅	應

摶㊁問享國長短？得《離》之《明夷》：

摶曰：「陛下得國中原，而逢南方火盛之卦，非吉也」？

太祖曰：「朕壽幾何」？

摶曰㊂：「丙子年、庚子月、子日，陛下終於火日之下④。《離》為火，曰陛下之子孫盡矣」。太宗諱火。

太祖曰：「孰敢為之」？

摶指《離》九三，及《明夷》之九三曰：「此人為之。其人在西北，陛下之親也」。

太祖又問：「後復若何」。

摶曰：「後一百九歲，南方有妖氣入中國，中國用之，天下自此多事矣」。

太祖又問：「宋之子孫」。

摶曰：「甲午之歲，有金字者出。己酉金為妻財，子孫生之，其禍滋甚。又六年而通於中國，又六年丙午騰蛇，宋其危乎！有二君者，實受其禍。宋火德也，火德猶盛。宋之子孫，當有興于東北，終於東南。有近君者，實竊其位。《明夷》之六四曰：『獲明夷之心，出於㊃門庭』⑤，東北之位也。『出涕沱若』⑥，興復之志也，近君者雖竊其位，火德也。丁巳歲其危乎」。

太祖又問：「中原可復得乎」？

曰：「陛下得國之初，而卜得東南旺卦，亦終而已矣。歲在癸巳，滅我者其衰乎？甲午，宋德復興，有賢人扶之，則可復占。如非其人，雖能復之，亦旋失之。歲在庚申，宋之祚其衰矣。自辛酉至庚申，已三百年，過此以往，未之或知也」。

注釋

①明正統己巳：西元1449年。
②浹（jiā）歲：一年；經年。
③庚申年：西元960年。
④陛下終於火日之下：查《宋史·本紀四·太宗一》記錄：開寶九年冬十月癸丑，太祖崩。（即西元984年，農曆丙子年，己亥月，癸丑日。）
⑤《明夷》卦六四爻辭：入于左腹，獲明夷之心，出於門庭。
⑥《離》卦六五爻辭：出涕沱若，戚嗟若，吉。

校勘記：

㊀「仝」，原本作「全」，疑誤，據《明史·卷二百九十九·列傳第一百八十七·方伎》原文改作。

㈡「摶」，原本作「搏」，疑誤，據人物名原文改作。後文遇「搏」字，直接改作，不另注釋。

㈢「摶曰」，原本脫漏，據其文意補入。

㈣「出於」，原本作「於出」，疑誤，據《明夷》六四爻辭改作。

年時占

遊南子曰：「古君相①之於歲，旦也②，必命太人③豫占一歲之吉凶。以前知九有④之安危，兆姓⑤之災福，非迂⑥也。蓋居上而憂民憂，樂民樂，意念如此之摯且深也，何可廢歲時之占」？

注釋

①君相：國君與國相。

②旦也：指新年開始的時候。

③太人：即太卜。

④九有：九州。

⑤兆姓：兆民。即人民。

⑥迂（yū）：迂腐，不合事理。

一、總論

占年時者，以太歲為用也。

歲臨財子、龍喜、貴、赦，生合身世者，四方戢寧①也。臨兄鬼、蛇虎、大殺、劫殺，動傷身世者，九圍②災變也。

又內卦、世爻為地，外卦、應爻為天也。外應剋內世者，天心不順也。外應生世內者，天澤下施也。內卦、世爻，空死墓絕胎者，人物災迍也。內卦、世爻生旺者，人物安阜③也。

世持太歲，加財福者，年豐民泰也。世持太歲，加兄鬼者，歲饑年凶也。

爻象陽多，雀火旺動，或父母空絕，或妻財獨發者，旱魃為虐也。爻象陰多，武水旺動，或子孫空絕，或父母獨發者，洪浸為災也。風波殺動、玄武鬼動，傷身世者，民多淹死也。

金虎鬼，加大殺旺動者，干戈擾攘④也。雀火鬼，加天火、天燭、獨火、天禍殺旺動者，回祿炎熾也。勾土鬼，加伏屍、病符旺動者，疫癘漸染也。勾土空亡，帶荒蕪殺動者，地白田荒也。蛇火鬼旺動，加小殺刑害子孫者，痘疹為殃也。蛇金鬼旺動，剋木世者，蝨螟⑤為災也。蛇金鬼帶天怪殺，旺動剋身世者，妖魅⑥晝見也。武鬼加天賊、天盜、劫殺，旺動剋身世者，盜賊蜂起也。玄水鬼旺動，歲多陰雨也。木兄鬼旺動，歲多烈風也。虎鬼帶雷火、霹靂殺旺動，歲多雷電也。剋世身者，民多雷殛死也。虎鬼入寅爻，旺動傷身世者，虎狼當道也。蛇鬼入巳爻，旺動傷身世者，虺蛇⑦載途也。

又金鬼動，民多咳嗽。木鬼動，民多瘋症。火鬼動，民多熱虐、瘡痍、目疾。土鬼動，民多時疫、肚腹之疾。水鬼動，民多寒虐、痢疾也。

又初爻為物，二爻為民。遇鬼者災，逢空者損，加天瘟殺動者，人畜必染瘟也。

又財絕兄興者，民饑。子空鬼動者，耗損。天豬殺入亥爻旺動，豬畜災。天牛殺入丑爻旺動，牛畜災也。

卜一方者，以十二支神定其何方。卜天下者，以八卦定其何方也。

注釋

①戢（jí）寧：猶言安定秩序。

②九圍：九州。

③安阜（fù）：安定富足。

④干戈擾攘（rǎng）：干和戈是古代常用武器，因以「干戈」用作兵器的通稱。比喻戰爭，吵鬧混亂的暴動、紛亂。

⑤蟊螟（máo míng）：危害莊稼的兩種害蟲。

⑥妖魅（mèi）：指妖魔鬼怪之類。

⑦虺（huī）蛇：毒蛇。亦喻惡人。

二、附斷例

戊寅月、甲寅日，卜一方年時？得《咸》卦安靜：

兄居申酉，正西、西南荒歉。申犯月日刑破

《易隱》卦例：占016				
時間：戊寅月　甲寅日（旬空：子丑）				
占事：卜一方年時？				
		兌宮：澤山咸		
六神	伏神	本卦		
玄武		父母丁未土	▅▅　▅▅	應
白虎		兄弟丁酉金	▅▅▅▅▅	
螣蛇		子孫丁亥水	▅▅▅▅▅	
勾陳		兄弟丙申金	▅▅▅▅▅	世
朱雀	妻財丁卯木	官鬼丙午火	▅▅　▅▅	
青龍		父母丙辰土	▅▅　▅▅	

剋，西南尤甚。子在亥爻，月日合之，正北豐稔。父在辰未，東南、西南蠶畜不利。鬼居午位，南方多災。午鬼加雀，月日生之㊀，東北、正南，尤防祝融也。

虎易按：「申犯月日刑破剋」。申被日月沖為破，但不宜論刑，更不宜論剋。供讀者參考。

戊寅月、丁卯日，卜天下年時？得《師》之《夬》：

兄鬼居坤發動，西南災歉。武兄動，而盜賊繁，應在亥方。虎鬼興而兵革起，不㊁宜居丑地。父爻屬酉，正西一隅，蠶畜尤為不利也。財子居坎興隆，正北豐安。雀福動而尊崇神佛，應在寅鄉。蛇火搖而痘疹沿傳，宜多南國。辰臨勾鬼，東南一帶，田禾尤為不利也。

《易隱》卦例：占 017

時間：戊寅月　丁卯日（旬空：戌亥）

占事：卜天下年時？

	坎宮：地水師（歸魂）				坤宮：澤天夬		
六神	**本　　卦**				**變　　卦**		
青龍	父母癸酉金	▅▅　▅▅	應		官鬼丁未土	▅▅　▅▅	
玄武	兄弟癸亥水	▅▅　▅▅		╳→	父母丁酉金	▅▅▅▅▅	世
白虎	官鬼癸丑土	▅▅　▅▅		╳→	兄弟丁亥水	▅▅▅▅▅	
騰蛇	妻財戊午火	▅▅　▅▅	世	╳→	官鬼甲辰土	▅▅▅▅▅	
勾陳	官鬼戊辰土	▅▅▅▅▅			子孫甲寅木	▅▅▅▅▅	應
朱雀	子孫戊寅木	▅▅　▅▅		╳→	兄弟甲子水	▅▅▅▅▅	

校勘記：

㈠「月日生之」，原文作「月日生合之」，疑誤，據其卦理改作。

㈡「不」，原本脫漏，據其文意補入。

易隱卷六

明　東粵遊南子　曹九錫　輯
男　　橫琴居士　　璿　　演

婚姻占

遊南子曰：「婚姻人道之始事，是不可不慎其占也。然婚姻之求，必先於男，故擇婦之占，尤當許之。占其門第①，占其德行，占其性情容貌，及子嗣之有無，入門之吉凶，聘奩②之厚薄，而後占其婚姻之成否也。然而非媒不得，則月老③亦不可以不占也」。

鬼谷分爻	
六爻	祖宗
五爻	父母
四爻	外氏
三爻	婿婦
二爻	媒妁④
初爻	自身

注釋

①門第：指家庭或家族的社會地位。

②聘奩（pìnlián）：聘指男方訂婚、迎娶之禮。奩指女方陪嫁的嫁奩。

③月老：舊時稱媒人為月老。

④媒妁（méishuò）：說合婚姻的人。媒：指男方的媒人。妁：指女方的媒人。

一、門第

內卦、世爻旺，男家富。外卦、應爻旺，女家富。應臨貴馬德合，不空破剋傷者，貴。逢月旺日衰者，近年退也。應爻、財爻衰，而外卦旺，富只虛名。應爻、財爻旺，而外卦衰，家窘而女有德色也。

凡富貴貧賤，俱見㈠身命占。德行、性情、容貌，俱見㈡妻妾類中，故不復贅。

校勘記：

㈠㈡「見」，原本作「現」，義同，按現代用字方式改作。

二、子息

卦無子孫，與子孫逢空絕破，財爻帶孤寡、天狗殺動，或卦值純陽、純陰者，俱主不生育，而無子也。子孫、胎爻兩備者，有子。子化鬼，與胎爻臨父者，有子難招。有胎無子者，孕而不育。有子無胎者，庶出螟蛉。

子值陽多男，值陰多女。

水子化鬼，頭胎難招。火子化鬼，二胎難招。木子化鬼，三胎難招。金子化鬼，四胎難招。土子化鬼，五胎難招。

子之多少，以一水、二火、三木、四金、五土推之。旺相加倍，休如數，囚死減半。

三、入門

財空絕者傷妻，鬼空絕者傷夫。

財遇刑刃、劫殺者，妻災。鬼遇刑刃、劫殺者，夫厄。財化鬼破者，妻帶疾。

官化鬼破者，夫帶疾。
財動，則公姑不協。父動，則卑幼不睦。兄動妻災，子動夫災。鬼動，則妯娌姑嫂不和。丑未相沖亦然。
子帶龍喜德貴，持世動，妻奪夫權。子世旺靜，妻必嫌夫。子世旺動，夫必遭傷。財世旺動者，尅公姑。兄世旺靜者，夫嫌妻。兄世旺動者，妻遭傷也。
兩鬼旺相，而月日與動爻，刑沖尅害財爻者，必生離改嫁也。世應財鬼帶刑刃、鰥寡殺動，夫妻不久。世應生合，而財官空絕，半世夫妻。合而又生者，偕老。沖而又尅者，生離。
前卦沖而變合，初乖後睦。前卦合而化沖，先睦後睽。
世應財鬼生合，而被日辰動爻沖尅，因入門而不睦。世應財鬼沖尅，而日辰與動爻類合局者，得人勸而復和。陽鬼陰財，其一卦旺靜者，必親上成親，齊眉偕老也。
動爻沖尅父，尊長不全也。動爻沖尅財，主分離，耗財帛，奴婢無力也。動爻沖尅子，主無子，有亦不多也。動爻沖尅兄，姑嫂、妯娌、兄弟不睦也。動爻沖尅鬼，不利丈夫也。
鬼動化財者，女不妨夫必再嫁。財動化鬼者，男不妨妻必再婚。
卜娶而遇兩財者，停妻再娶。卜嫁而逢兩鬼者，抛夫改嫁。官鬼動者，夫必朝東而暮西也。

遊魂，主離別。八純，主反目。《咸》、《恒》、《節》、《泰》者和諧。《睽》、《革》、《解》、《離》者乖忤①。

女得《坎》、《離》者再嫁，男得《震》、《巽》者重婚。《坤》化《坎》者，男破體。《乾》化《離》者，女非真。

夫陽壯而傷妻，婦陰強而欺夫。《蒙》則不有其躬，《漸》則夫征不復。

內卦《乾》、《坤》受傷，舅姑不睦。《坎》、《艮》、《震》受傷，丈夫、叔伯不睦。《巽》、《離》、《兌》受傷，姑嫂、妯娌不睦。

外卦《乾》、《坤》生內，舅姑悅也。《坎》、《艮》、《震》生內，丈夫、叔伯悅也。《巽》、《離》、《兌》生內，姑嫂、妯娌悅也。擇婿㊀見《身命占》。

注釋

①乖忤（guāi wǔ）：抵觸；違逆。

校勘記：

㊀「婿」，原本作「　」，疑誤，據其文意改作。

四、聘奩

卦無父者，無雁幣①，或無婚書也。財旺幣厚，財衰幣薄。無財，及財化空絕，無幣禮也。

金財生合應，聘金厚。木財生合應，果核盛。火財生合應，緞疋多。水財生合應，珠玉魚酒豐。土財生合應，以田產代幣。未財旺，則羊肥。亥財旺，則豬碩。

龍財旺相，奩具精巧。虎財旺相，奩具粗惡。財衰則奩薄。卦無財，或財化空絕，無奩也。

金財生合世，多寶玉、五金器。木財生合世，多木器。火財生合世，多錦繡綾羅。土財生合世，多奩產。水財生合世，多珍珠、布帛、衣飾。

應財伏財，有媵婢②也。應財化子，有僕從也。

注釋

①雁幣：雁與幣帛。古時用為聘問或婚嫁時之聘儀。古婚禮分納徵、納采、問名、納吉、請期、親迎等六禮。納徵用幣，其餘用雁。

②媵婢（ying bi）：隨嫁的婢妾。

五、成否

世應、財鬼，生合比和者，成也。

陰世女家許配，陽應男子求婚。世生應，男求女。應生世，女求男。世剋應，用強劫娶。世應日辰三合，因人成事。

世應父母動合，兩親家杯酒而成。世應子孫動合，兩男女割襟①而成。官化父，男家尊長成合。財化父，女家尊長成合。世與財爻生合，女家親人成合。世與鬼爻生合，男家親人成合。

卦六合者成，卦六沖者不成。前卦合而變沖，成後復退。前卦沖而化合，退後復成。卦六沖，或世應動，而被日辰合住者，欲退而不得。

世應、財鬼沖剋，逢日辰動爻生合者，不成而得人贊成。世應、財鬼生合，逢日辰動爻沖剋者，成而被破。

世應、財鬼雖相生合，或臨死墓絕胎，被刑沖剋害，或動化死墓絕胎，刑沖剋害者。在世爻、鬼爻，則男家不允。在應爻、財爻，主女家不允。

父化官，男家尊長阻隔。父化財，女家尊長阻隔。父空，無主婚之人，苟合成也。父剋世應，父母阻。兄沖世應，兄弟阻。兄加殺動，必爭競。

鬼化鬼，男家反覆。兄化兄，見阻方成。兩父齊興，主婚非一。財官動合，先奸後娶。自刑者驗。二官並動，兩家求娶。兩鬼剋應，女許二家。卦值純陽、純陰者，不成。龍動生世應者成，虎動剋世應者不成。蛇動剋，牽纏不允。雀動剋，口舌非常。武動剋者，陰人破。勾動剋者，小人撓。又世臨外卦、財爻動，身、世、命爻去合應財。或命爻、鬼爻，伏墓應財之下者，俱主入贅。鬼居應，財居世，與世鬼屬陰，應財屬陽者，非入贅，必夫婦相淩也。

注釋

①割襟：各自割下衣襟，彼此珍藏作為信物。指男女愛慕，訂立下婚約。

六、媒妁

以間爻為用。

世生合間，男家之親。應生合間，女家之親。世應俱生合間，兩家皆親。

間陽，男媒。間陰，女媒。衰墓，老媒。生旺，少媒。間陰化陽，女人先說。間空化空，更人為媒。間兄兩動，二人爭媒。蛇武兄動，冰人①詭詐。朱雀旺空，媒多誑語②。白虎間動，媒來損害。龍喜間搖，賴其吹噓。勾陳間動，必多阻隔。間臨貴馬，仕宦為媒。二間俱空，必無月老。間生合世應，善於調停。間刑沖剋害世應，心懷欺騙。世應沖剋間，兩家相怨。日辰動爻帶虎雀，刑沖剋害間者，群口交謫③也。

欲知過聘下定之月，則以月卦臨值為期也。又單占媒人賢奸者，則以應爻為用也。

注釋

①冰人：舊時稱媒人為冰人。

②誑（kuáng）語：騙人的話。

③交謫（zhé）：謂競相責難。

七、附斷例

己丑年、丁卯月、甲戌旬、戊寅日，女占姻？得《剝》之《觀》：

本宮寅財，伏巳火鬼下，又居應上，乃有夫之婦。寅巳相刑，必夫妻不睦，而欲改嫁也。又本宮寅財，與午鬼相生合，決是與人私通，而欲嫁之也。但世下申兄動沖寅財，必有人破其婦。世上傍爻子孫動，沖午鬼，必有人破其夫。況午鬼伏墓戌土之下，世應相沖刑剋，必不成也。

《易隱》卦例：占 018

時間：己丑年丁卯月戊寅日（旬空：申酉）

占事：女占姻？

		乾宮：山地剝				乾宮：風地觀		
六神	**伏神**	**本　卦**				**變　卦**		
朱雀		妻財丙寅木	⚊			妻財辛卯木	⚊	
青龍	兄弟壬申金	子孫丙子水	⚋	世	╳→	官鬼辛巳火	⚊	
玄武	官鬼壬午火	父母丙戌土	⚋			父母辛未土	⚋	世
白虎		妻財乙卯木	⚋			妻財乙卯木	⚋	
騰蛇	妻財甲寅木	官鬼乙巳火	⚋	應		官鬼乙巳火	⚋	
勾陳		父母乙未土	⚋			父母乙未土	⚋	應

己丑年、丙子月、甲子旬、丁卯日，男占婚？得《睽》之《歸妹》：

本宮子水財，正值月建。《離》卦無氣，而財爻有氣，家雖貧而貌則美。但性急貪淫，色黑而面圓耳。奈財伏兄下，世應化爻俱兄，剋財者多，決有人互相把持。應又沖世，化爻又沖應，本宮父母真空，是無主婚之人，故不成也。

細看財官同居外卦，惟西北方親上加親者，是其姻緣也。

虎易按：「世應化爻俱兄」，指世爻和應爻下伏藏，以及六爻動化出的爻，都是兄弟爻。「應又沖世」，指應爻下的辰土，沖世爻下的戌土。「化爻又沖應」，指上爻動而化出的庚戌土，沖應爻下的丙辰土。「本宮父母真空」，本宮父母丙午火，只可論為月破，不應論為真空。

此例分析，也並非合理，不再一一解析，提請讀者

《易隱》卦例：占019			
時間：己丑年　丙子月　丁卯日（旬空：戌亥）			
占事：男占婚？			
		艮宮：火澤睽	兌宮：雷澤歸妹（歸魂）
六神	伏　神	本　　卦	變　　卦
青龍	官鬼丙寅木	父母己巳火 ▅▅▅▅▅ ○→	兄弟庚戌土 ▅▅　▅▅ 應
玄武	妻財丙子水	兄弟己未土 ▅▅　▅▅	子孫庚申金 ▅▅　▅▅
白虎	兄弟丙戌土	子孫己酉金 ▅▅▅▅▅ 世	父母庚午火 ▅▅▅▅▅
螣蛇		兄弟丁丑土 ▅▅　▅▅	兄弟丁丑土 ▅▅　▅▅ 世
勾陳	父母丙午火	官鬼丁卯木 ▅▅▅▅▅	官鬼丁卯木 ▅▅▅▅▅
朱雀	兄弟丙辰土	父母丁巳火 ▅▅▅▅▅ 應	父母丁巳火 ▅▅▅▅▅

注意分辨為宜。

己丑年、丙子月、甲寅旬、戊午日，男占婚？得《困》之《解》：

世應生合，本宜成就。卻被酉兄動沖卯財，化出申兄，又刑沖剋世上寅財，必被人破也。

虎易按：「卻被酉兄動沖卯財」，指五爻酉金兄弟動，沖二爻下伏藏的本宮妻財丁卯木。

《易隱》卦例：占020				
時間：己丑年　丙子月　戊午日（旬空：子丑）				
占事：男占婚？				
		兌宮：澤水困（六合）		震宮：雷水解
六神	**伏　神**	**本　　卦**		**變　　卦**
朱雀		父母丁未土 ▅▅　▅▅		父母庚戌土 ▅▅　▅▅
青龍		兄弟丁酉金 ▅▅▅▅▅	○→	兄弟庚申金 ▅▅　▅▅ 應
玄武		子孫丁亥水 ▅▅▅▅▅ 應		官鬼庚午火 ▅▅▅▅▅
白虎		官鬼戊午火 ▅▅　▅▅		官鬼戊午火 ▅▅　▅▅
螣蛇	妻財丁卯木	父母戊辰土 ▅▅▅▅▅		父母戊辰土 ▅▅▅▅▅ 世
勾陳		妻財戊寅木 ▅▅　▅▅ 世		妻財戊寅木 ▅▅　▅▅

庚寅年、戊寅月、甲寅旬、癸亥日，男占婚？得《復》之《頤》：
六爻酉子動化寅官，與亥財合。月日又值財官，世應又合，兩家俱肯，婚大吉也。但五爻亥財自刑，婦性峭刻①，貌美，面尖微黑。初爻單，則足小也。

注釋

①峭（qiào）刻：嚴厲苛刻。

胎產占

遊南子曰：「占胎產者，始焉占其孕之有無，既焉占其孕之男女，既焉占其孕之生期，與夫臨盆之吉凶而已」。
初臨鬼，母災，空則母損。二臨鬼，子災，空則胎

《易隱》卦例：占 021							
時間：庚寅年　戊寅月　癸亥日（旬空：子丑）							
占事：男占婚？							
		坤宮：地雷復（六合）				巽宮：山雷頤（遊魂）	
六神	伏　神	本　　卦				變　　卦	
白虎		子孫癸酉金	▅▅　▅▅		╳→	官鬼丙寅木 ▅▅▅▅▅	
螣蛇		妻財癸亥水	▅▅　▅▅			妻財丙子水 ▅▅　▅▅	
勾陳		兄弟癸丑土	▅▅　▅▅	應		兄弟丙戌土 ▅▅　▅▅	世
朱雀		兄弟庚辰土	▅▅　▅▅			兄弟庚辰土 ▅▅　▅▅	
青龍	父母乙巳火	官鬼庚寅木	▅▅　▅▅			官鬼庚寅木 ▅▅　▅▅	
玄武		妻財庚子水	▅▅▅▅▅	世		妻財庚子水 ▅▅▅▅▅	應

墮。三臨鬼，難生，空則無人看生。四臨鬼，損夫，空則背爹落地。五臨鬼，化婆①有力，空則無人收生。六臨鬼，損公姑，空則不見公姑也。

鬼谷分爻	
六爻	公姑
五爻	收生
四爻	夫身
三爻	看生
二爻	胞胎
初爻	產母

注釋

①化婆：指接生婆。也稱為收生婆，產婆等。

一、有無

凡占俱以子孫為用。惟子占母孕者，以兄弟為用也。

用爻出現，或用爻與二爻帶龍喜旺相者，有也。胎爻出現者，有也。子孫屬水土，午為胎爻。子孫屬金，卯為胎爻。子孫屬木，酉為胎爻。子孫屬火，子為胎爻。卦得《大畜》與《渙》者，有也。用爻、胎爻不上卦，與逢空絕者，無也。

二爻與胎爻帶鬼者，母懷胎而有病。帶鬼，而又逢日辰動爻刑害剋破者，不足月而墮胎也。龍福空，而二爻、胎爻動者，或福喜空，而虎鬼臨二爻、胎爻動者，墮胎也。虎臨二爻、胎爻動者，漏胎也。子爻、二爻、胎爻，動化刑害剋破空者，墮胎也。子空動者，胎損也。子爻、二爻、胎爻，逢沖暗動者，曾轉胎也。卦六合者，月足胎全也。卦六沖者，月前小產也。

勾土旺臨二爻、胎爻者，孕彰露也。龍動合二爻、胎爻者，孕隱藏也。

欲知小產之期，待虎動龍空日，或衝動子爻、二爻，胎爻之日也。或父官臨值之時，或子孫遇空敗死絕之時也。

虎易按：「用爻出現，或用爻與二爻帶龍喜旺相者，有也」，此處指子孫為用爻，二爻為鬼谷分爻之胎爻。「胎爻出現者，有也」，此處所指胎爻，是按子孫爻的五行屬性，以「五行長生十二宮」處於胎位確定的。讀者可參考《五行長生十二宮》的內容，確定胎爻。

「卦得《大畜》與《渙》者，有也。」《渙》卦，子孫戊辰土持二爻，論「有」還是有理的。但《大畜》卦，子孫伏藏在三爻，官鬼甲寅木持二爻，謂鬼坐胎爻，是不利懷孕的。提醒讀者注意分辨。

二、受胎

受胎之月日，但看卦中子孫爻，與化出子孫之動爻。

若子孫爻衰者，則取子孫長生月日受孕。如子孫爻屬水土，則申月或申日受孕之類。

子孫爻旺者，則取子孫胎月胎日受孕。如子孫爻屬水土，則午月或午日受孕之類。

如卦無子孫，而動爻化出子孫者，則取動爻月日受孕。如金動化福，則申酉月日受孕之類。

又凡占安胎者，但取子孫生旺臨值之日，則制鬼安財也。或生合胎爻之日安也。

三、男女

先取子孫動變之爻斷之。

變爻屬陽為男，陰為女。變卦為陽生男，陰生女也。

如卦有兩子旺動，一變陽宮陽爻，一變陰宮陰爻，則斷為雙生，一男一女也。

內陽外陰，先兄後妹。內陰外陽，先姊後弟。如變為二陽，則兩男。二陰，則兩女也。

如子孫安靜者，則取大象陰陽相包者斷之。如《天澤履》卦，乃陽包陰，生女也。《雷地豫》卦，乃陰包陽，生男也。如陰陽不相包者，後取子孫爻斷之。

陽男，陰女也。

若卦又無子孫者，則取伏卦子孫之陰陽斷之。如伏卦又無子孫者，方取互卦大象之子孫，隨陰陽而斷其男女。若互卦大象，又不見子孫，此孕必為虛喜也。卦得八純旺相，及胎爻兩見而有氣者，俱雙生也。

虎易按：「如伏卦又無子孫者，方取互卦大象之子孫，隨陰陽而斷其男女。若互卦大象，又不見子孫，此孕必為虛喜也」。我們知道，如果本卦無子孫爻，則伏藏一定會有子孫爻。因此，「伏卦又無子孫者」，論述似乎不當，提前讀者注意分辨。

四、生期

遠則取胎爻遇空之旬生也。如卦無胎爻者，則於二爻取之。近則取沖龍、沖虎、沖胎爻之日，或兄弟臨值之日生也。

子孫居內卦旺動者，則世爻胎養之日生。衰動，則子孫長生之日生。卦無子孫，而伏下見子孫者，則子孫臨值之日生。子孫居空墓者，逢沖之日生。子孫逢絕者，長生之日生。

又胎爻屬勾土者，過月方生。值武水者，不出月而生也。

五、產難易

世為母，應為子。

世生應，子吉。應生世，母吉。世剋應，子凶。應剋世，母凶。世應比和，母子俱吉也。世應俱空者，母子皆全。世動應空者，虛喜。世空應動者，即生。內卦《乾》、《兌》、《坎》、《離》者，順生。《乾》首、《兌》口、《坎》耳、《離》目。內卦《坤》、《艮》、《震》、《巽》者，逆生。《坤》腹、《艮》指、《震》足、《巽》股。

太歲臨兄弟，加暗金殺動者，母災。太歲臨父母，加陰殺動者，兒災。財子動，而父兄發來刑害者，母子俱危。財子帶陰殺動，胎難出。財子死絕，而月日、動爻來生扶者，將危有救。

子爻、胎爻俱動，而父鬼動來合住者，難產。虎空者，難產。胎爻值鬼，加陰殺、飛廉、大殺動者，難產。財動化鬼空墓絕者，母死。子動化鬼空墓絕者，子死。胎爻不見，而子值空墓絕者，胎裡死。

鬼化子者，母去子留。財化子者，易生。子動者，易生。鬼動者，胎易落。父兄逢空死墓絕胎敗，與受刑害剋破者，產必無虞。龍虎臨財子動者，易產。蛇加陰殺動，玄臨身世，加浴盆殺動者，難產。又玄臨財動者，胎冷稽遲也。

六、穩婆①

應爻、財爻為用。

應爻、財爻，生世、生身、生初爻、二爻、子爻、胎爻者，可用。刑沖剋害世、身、初爻、二爻、胎爻、子爻，不可用也。臨空墓死絕胎者，無能。受刑害剋沖者，招怨也。

注釋

①穩婆：舊時以接生為業的婦女。也稱為「接生婆」、「收生婆」。

七、乳母①

應爻、財爻為用。

應爻、財爻，生合世、身、子孫者，可用。刑害剋沖身、世、子孫者，不可用也。應臨金水旺動者，乳多。衰靜者，乳少。卦無金水，及金水空絕者，無乳也。應持父動者，不善護恤嬰兒也。應爻持鬼、伏鬼、化鬼，或財爻伏鬼、化鬼者，必多災病。

持雀鬼動，易惹是非。持蛇鬼動，兒多驚嚇。持勾鬼動，兒防跌蹼。持虎鬼動，兒常哭泣。持龍鬼動，乳哺無節，寒燠②不調。持武鬼動，防其偷竊。武加咸池合世，與主私通。武加咸池動，來刑害㊀剋破世者，因與私而墮其計也。應持兄動，耗損必多。

又福動化財者，食乳粗，兒易養也。

注釋

①乳母：指奶媽。

②寒燠（yù）：冷熱。

校勘記：

㊀「害」，原本作「剋」，疑誤，據其文意改作。

痘疹占

以官鬼為用。

鬼不上卦，與鬼化死墓絕胎空，及被刑害剋破者，皆不出也。

若鬼雖衰死受傷，而化出生旺。無鬼而月建臨官，鬼靜而日當生旺。與火鬼加蛇旺動者，皆出也。

欲知出痘疹之期，以官鬼生旺之年月日斷之。

欲知痘疹之稀密，但鬼衰子旺，與子持身世者，必稀朗。鬼旺子衰，與鬼持身世者，必稠密。

父動者重，兄動者輕。福臨空死墓絕胎，與受刑害剋沖者，命必難保也。

求嗣占

問子有無，以胎爻、福爻為用。

有胎無福者，虛孕。有福無胎者，螟蛉。胎福俱無者，無子。胎福俱全者，有子。福德上卦者，有子。伏藏衰靜者，遲招。出現旺動者，早得。

子旺，則胎養之年有。子衰，則兄弟臨值之年有。子衰，而又化空死墓絕者，雖有子而不育也。

世爻空者，男子精氣衰弱，宜醫治也。應爻空者，妻之命不招兒，宜納妾也。

世應不空，而子孫空絕者，乃命中無子，難強求也。

延師占

遊南子曰：「弟承師訓，不可無資。師道尊嚴，所尚在學。賓主貴乎投合，訓導期於單心，而後可計其終歲之損益也。若夫舌耕者覓館，得失難憑。手藝者投師，授受有數，亦師弟之附占也」。

注釋

①單心：孤忠之心。

②覓（mì）館：尋找能聘任教書的書館（書館：即現代的學校）。

一、童蒙①

以子孫為用。

子孫加龍者聰俊，加雀者智慧，加勾者魯鈍②，加蛇者虛浮，加虎者頑劣，加武者佻達③。

八純卦，逢子動者，心不專。六合卦，值子靜者，志必篤④。遊魂卦，而子加馬動者，必好閒遊。歸魂卦，而子加馬動者，常戀家室也。

子加病符，或伏鬼、化鬼者，多災病。子入墓胎者，書懶讀。子入陽宮陽爻者，聰敏。入陰宮陰爻者癡蠢⑤也。

注釋

①童蒙：指幼稚無知的兒童。這裡是指小學生。

②魯鈍（dùn）：粗率，愚笨，遲鈍。

③佻（tiāo）達：輕薄放蕩；輕浮。

④篤：忠實。

⑤癡蠢（chī chǔn）：遲鈍，笨拙。

二、師尊

以應爻為用。父母為文學。

應爻生旺，帶龍喜德貴者，名師。臨死墓絕胎，受刑害剋破者，庸師。

應臨歲月日破，與隨官入墓者，非災即訟。應持父雀生旺，不犯刑傷者，制藝精妙也。應入《乾》、《坤》、《離》三卦者，八斗之才也。

又應入《乾》，剛果嚴肅也。入《坤》，含容有度也。入《震》，好動易怒也。入《坎》，信實有成也。入《艮》，沉靜謙卑①也。入《巽》，心毒無恒也。入《離》，虛心明哲也。入《兌》，講習和易也。

應持鬼動，譎詐也。父動，苛刻②也。子動，和易也。兄動，貪黷③也。財動，閱文不恕也。

應生合子孫，師糾弟去也。子孫生合應，弟出從師也。

問專何經：父屬金，《春秋》。土，《易》。木，《詩》。水，《書》。火，《禮記》也。

注釋

①謙卑：謙虛，不自高自大。

②苛刻：過於嚴厲，刻薄。

③貪黷（dú）：貪求財物。

三、賓主

世為己，應為師。

世應生合、比和者，賓主相得。刑沖剋害者，彼此猜嫌。世空，則主慢師。應空，則師嫉主。世應俱動，兩家心變。世應俱空，兩情恝然①。六沖者彼此無緣，六合者始終如一。合化沖者，有初鮮終。沖化合者，始離後合。

遊魂應動，師朝東而暮西。歸魂應動，師晨定而昏省也。

注釋

①恝（jiá）然：漠不關心貌，冷淡貌。

四、附覓館占

世為己，應為東主。

父為書館，子為生徒①，財為束脩②，鬼為薦人，兄為謀奪之人。

世爻、應爻、父爻空絕者，無館。父值墓胎，無好館。財空墓絕胎者，脩薄。子空墓絕胎者，徒少。鬼空墓絕胎者，無薦人。兄空墓絕胎者，無謀奪人也。

遊魂卦，宜別圖。歸魂卦，宜仍舊。

六沖卦無館，六合卦有館。合逢沖者，被人破。合變沖者，初允而終拒也。

官加貴，三合世應者，貴人薦也。兄動剋世者，有人爭奪。財動化兄者，薦人分脩。世動化鬼者，浼人③轉薦。鬼動化兄者，先索謝儀。子合逢沖者，徒聚復散。子衰得助者，徒少後增也。

欲知關約④之來，以父母為用也。

卦無父者，父值之日來。父母旺，則合日來。父母衰，則生旺日來。父母空墓，逢沖之日來。

又父母生世合世之日，亦可成關得關也。

注釋

①生徒：學生，門徒。

②束脩（shù xiū）：借指老師的薪俸。

③浼（měi）人：請託別人。

④關約：契約。

五、附投師占

儒、釋、道之師，以父母為用。百工之師，以兄弟為用。又俱以應爻為師，世爻為己。

世空破者，已意更變。用爻、應爻空破者，師不傳授。旺相生合世，必獲其傳。刑害剋破世，難精其業。卦值六沖，彼此不盡其心。卦逢六合，授受相成其美也。

小試占

遊南子曰：「凡應童子試，及科舉者，俱以父母為用。父母乃文章，官鬼則試官也。

但父母旺相，得官鬼動來生合之。或得四直生合之。或月建合官，生身世爻。或三傳值文書，加雷火殺臨身世爻，決然高掇①。縱財子動，亦無害。或父母空亡，得旺用動生官爻，或子動化官生世父者，俱許中選。

最忌父官衰空刑害剋破，或身世爻臨兄子財動。兄動主雷同，子動為剝官殺，財動為阻滯神。有制不妨。

歲月持福德動者，決不取。身世臨二耗動者，多費資財。若身世犯三刑、劫殺，或刑劫動剋身世者，必求榮得辱也」。

又曰：「占小試者，一看分宮之吉凶，二推命題之難易，三觀文字之優劣，四察衡文之愉慍②，五定名次之高下而已。因而推之，鄉試、會試、殿試③、武試④，何獨不然」。

分宮看何爻刑害剋沖身世，又看何爻受四直動爻刑害

鬼谷分爻		
六爻	考場	搜檢
五爻	試官	
四爻	謄錄	覆試
三爻	三篇	道考
二爻	二篇	府考
初爻	一篇	縣考

剋沖，即知此處疏虞，不慊意⑤也。若分爻生扶身世，而又旺相無傷者，便是得意處也。

注釋

①高掇（duō）：科考高中。

②愉慍（yùn）：指閱卷人的情緒，愉快或者生氣。

③殿試：科舉考試中最高一級。皇帝親臨殿廷策試。也稱廷試。明清殿試後分為三甲：一甲三名賜進士及第，通稱狀元、榜眼、探花。二甲賜進士出身，第一名通稱傳臚。三甲賜同進士出身。

④武試：武科考試。《清會典·兵部十·武庫清吏司》：「凡武試，曰馬科，曰步射，曰技勇，皆試於外場；曰武經，則於內場試焉」。

⑤慊（qiè）意：滿意。

一、題目

以父母為用。

父伏墓下，未嘗經日之題。父伏空下，向雖講究，今已忘之。父伏兄下，枯澀題。父伏子下，小巧題。父伏父下，旺則連章，衰則巧搭照應題。父伏財下，枯淡棘手題，或不完篇。父旺相出現，冠冕大題。父合世，做過題也。

二、文字

以父母為用。

父旺，加龍喜，佳文得旨。父衰，加虎殺，文失旨。父化父，文多雜犯。父化鬼，意思未奇。父沖父，題目生疏。父剋月日，主文不喜。父合月日，稱主司意。父入巳，文藻麗典則①，衰則鄙俚②無收拾。父入午，文筆剛勁捷速，多用典故。衰則美中多暇，前緊後馳。父入申，文快利，有氣勢，衰則多滯句。父入酉，文筆矯勁，運局周匝，衰則浮蔓無斷制。父入寅，文雍和雅致，衰則葛藤。父入卯，文爽愷而氣雄銳，衰則散漫無紀。父入子，文清真不靡，衰則氾濫不根。父入亥，文圓轉深沉，多穎句逸致，衰則意纖詞險。父入辰戌，文氣古樸堅勁。父入丑未，文致淹雅浩落，衰則拙鈍重實而已。

雀加火，父動化水，文防點汙。父帶玄咸動，受刑害沖剋者，文必塗抹。月日剋父，違式不錄。大象、父爻、世爻三空，卷必遺失。父空絕者，或遞白卷。父衰，而得日辰、動爻、變爻，帶官貴來生合者，須求情而得名也。

注釋

①典則：特指詩文等的法則、章法。

②鄙俚（bǐ lǐ）：粗野，庸俗。

三、考官

月建為督學，取四時巡環之象。日建為府縣官，取朝旦臨民之象。遇生合世身者，入彀①。刑沖剋害者，孫山②。父旺官衰者，見遺。父衰官旺者，姑取。

注釋

①入彀（gòu）：比喻合乎一定的程式和標準。

②孫山：比喻落選不中。宋范公稱《過庭錄》：「吳人孫山，滑稽才子也。赴舉他郡，鄉人託

以子偕往。鄉人子失意，山綴榜末。先歸，鄉人問其子得失。山曰：『解名盡處是孫山，賢郎更在孫山外』」。後以孫山作為考末名的代稱。名落孫山、孫山之外，皆謂不中。

四、名次高下

父官並旺，或加四直臨身世者，名必高。父臨月建，官值日建者，此首。世父生旺，帶貴馬德祿龍喜，居五爻者，此首。二爻第二，六爻第三，三爻第四，四爻第五，初爻第六。出《穿壬透易》。父官兩旺，生持身世，財又旺靜，兄弟不動者，必補糧。若兄動財空者，只二等。父官相氣無傷者，二等。父衰逢沖剋，得鬼動生合，在子水爻者，三等。子為海水，三等為入海也。月建剋身，木官刑世，在二爻者，四等。三爻為臀，木刑為責。世持子動，化鬼生身者，其禍減半，故為青衣。五等。若世父被傷，身官又化空死墓絕，月日又持財子者，六等。其他名次，以世上納甲取之。甲己子午九，乙庚丑未八，丙辛寅申七，丁壬卯酉六，戊癸辰戌五，巳亥常加四。世動，則合變卦納甲取之。或占時四直，有與世同干支者，亦合取之，積算至幾十幾名是也。此斷一、二、四等法也。

若三等，旺則看世上支神。以一水、二火、三木、四金、五土斷之。相則以世上納甲之干支取之，休則取干支而倍之。如一十三，作二十六是也。囚死則取干支而進之，如一十進一百，三進三十是也。出《前知集》。

又凡雀喜臨門戶爻動者，三爻門，四爻戶。捷音即至也。

鄉會試①占

遊南子曰：「此亦以文書為主，官鬼為用也。

文書遇貴官旺生之者。或祿馬德貴臨月將，合官生世者。三傳加官印，持身世者。或官印旺動，三合身世。或卦無官印，而伏出、變出官印，臨三傳者。皆中式也。

如身世傷官剋印。或官印衰，而被刑害剋破。或卦有官無印。或財爻、兄爻、子爻旺動，獨發而無制。或三傳臨兄財子，與刑劫臨官印動者。俱不中也。

世衰伏旺鬼，中後必病。劫殺臨官剋世身，中後必死。父官旺相，而逢財子、白虎俱動，或帶白衣殺動者，中後丁憂②。

官值升陽升陰之爻，衰而受剋者，今科偃蹇，下科必中。官加貴馬，在外卦他宮六爻動，世上文書生旺者，冒籍外省而中。父母無氣，得日辰、旁爻、變爻帶貴馬生父合官者，請託而中也」。

虎易按：科舉分「鄉試」、「會試」、「殿試」三級。鄉試每三年在省城舉行一次，稱為「大比」。取中者稱為「舉人」，其第一名稱為「解元」，第二名稱為「亞元」。會試在鄉試後的第二年春天，由禮部舉行，取中者稱「貢士」，第一名稱「會元」。殿試則由皇帝親自主持，只有貢士才有資格參加。分「三甲」錄取，一甲三名賜進士及第，第一名稱「狀元」，第二名稱「榜眼」，第三名稱「探花」。二甲賜進士出身，第一名稱「傳臚」。三甲賜同進士出身。「解元」、「會元」、「狀元」，即所謂「三元」。

凡分宮帶官印、貴馬祿喜、龍德，生合身世，而又旺相無傷者，便是吉處。

若受四直、動爻、變爻、伏爻刑害剋沖，或帶凶神剋世身、官印爻者，便是疏虞處也。

鬼谷分爻		
六爻	棘闈③	終場
五爻	主考④	試官⑤
四爻	房考⑥	監察
三爻	三場	同年
二爻	二場	伴人
初爻	一場	己身

注釋

①鄉會試：鄉試和會試。明清兩代每三年一次在各省省城舉行鄉試。中式者稱「舉人」。每三年會集各省舉人於京城考試，稱為「會試」。

②丁憂：遭逢父母喪事。舊制，父母死後，子女要守喪，三年內不做官，不婚娶，不赴宴，不應考。
③棘闈（jí wéi）：指科舉時代的考場。
④主考：指主考官。
⑤試官：主持考試的官吏。
⑥房考：亦稱「房官」。明清時鄉會試時分房閱卷的考官。

一、考官

以歲破爻為試官，取外省憲臣遙對天子之象。又取簾幕貴人為用。如晝占得夜貴是也。甲戊庚日見未貴，乙己日見申貴，丙丁日見酉貴，壬癸日見卯貴，六辛日見寅貴。為簾幕貴人①也。

凡鄉會試，遇歲破爻，及簾幕貴人爻，生合身世上官印者，必高中。刑害剋沖身世、官印爻者，不中。身世臨雀父動剋歲破爻，與簾幕官爻者，其文不當主司意。若卦內無此二用者，以分宮四五爻，及官鬼爻為用也。出《畢法賦》、《磨鏡藥》二書。

注釋

①簾幕貴人：此為六壬占法的名稱，本書前列神殺表中，天乙貴人即是。

二、名次高下

父加雀火，持世旺相，又得四直生合，更貴馬德合聚於一爻，無刑害剋破者，中元也。

又丑未二貴，同臨身世者，中魁。丑中有斗，未中有鬼，合而為魁也。酉貴臨身世爻者，中亞魁。以酉為從魁也。其他名次，依小試之法斷之。

殿試占

廷試主文，以太歲為用，取天子之象。如太歲不上卦，則以五爻為用也。

太歲臨扶身世，更官貴、祿馬、龍喜、皇恩聚於一爻，在五位、二位者，狀元。在三爻、六爻者，榜眼。在初爻、四爻者，探花。

月建帶諸吉神，臨扶世身上官印者，二甲。月建帶諸吉神，臨扶世上官印者，三甲也。其二、三甲名次，亦以小試之法推之。

《畢法賦》注曰：「德加亥，臨身世官貴爻者，必登高甲。德者，得也。亥為天門」。

武試占

鄉場①以月建為主考，日建為監察。會場①以太歲為主考㊀，歲破為監察。如卦無歲月日爻，則看分宮。

又巳為弓，申為箭，午為馬。巳申午爻生旺，無刑害剋破者，或帶貴馬財祿龍喜旺，生身世者，馬步兩場決中。

鬼谷分爻	
六爻	終場
五爻	主考
四爻	監察
三爻	策論
二爻	步射
初爻	馬射

又身世帶官貴、祿馬，加大殺、月殺、羊刃、白虎旺動者，決中。

看中箭之法：世為己，應為垛。

世應合生者，箭中。世剋應者亦中，世合剋應午者，中紅心。午為紅心。世合剋應爻寅申巳亥者，中四角。世合剋應爻子午卯酉者，中當中。世爻敗死墓絕胎于應爻中者，脫垛也。申爻亦然。

中數以一水、二火、三木、四金、五土，憑世上支神斷之。旺相加倍，休加數，囚死減半也。

三場策論，以父母為用。中式與元魁㊂名次，皆與文舉一例推之。參《六壬磨鏡藥》。

注釋

①鄉場：科舉時代的鄉試考場。

②會場：科舉時代的會試考場。

校勘記：

㊀「考」，原本作「文」，疑誤，據其文意改作。

㊁「魁」，原本作「鬼」，疑誤，據其文意改作。

官祿占

遊南子曰：「官祿之占，其未仕也，占其仕為何官，選在何月，領憑於何日，任所在何方也。其既仕也，占其赴任之吉凶，在任之休咎，升除於何日，替代於何時也。若乃為官之貧廉，與夫為官而失職，而補任，而丁制，而起復，亦官祿之附占也」。

但看所占是何官職，各於分爻取用，斷其吉凶也。

鬼谷分爻	
六爻	執政
五爻	朝仕
四爻	監司
三爻	長官
二爻	曹官
初爻	吏人

一、何官

凡四直貴馬聚於身世爻，更德合相扶，在官印陽爻者，必職在阿衡，助和鼎味①也。加刑刃、大殺者，出將入相也。加太歲，或五爻生合之者，必榮膺燕賜②，後蔭前封③也。

又太歲與五爻，生合世身者，朝仕也。沖剋世身者，外任④也。世爻官爻在內卦動者，外任也。在外卦動者，朝仕也。五為君位，四六皆近君者。官貴持世，在陽宮陽爻者，文職。陰宮陰爻者，武弁⑤也。世持歲破者，朝仕，則六部⑥、通都大邑⑦㊀也。外任，則布按都司⑧也。太歲為天子，歲破，取重臣遙對天子之象。

世持月建者，巡方安撫行人也。取四時巡環之象。世持日建者，郡邑之宰⑨也。取朝夕蒞民⑩之象。世持官貴祿馬，又得歲月文書來生合，威權風憲之職也。世持官印旺相，而旁爻帶貴人祿馬來扶者，但為正官，而不風憲也。

又世持官貴祿馬，不空刑剋破者，其在金爻旺相，京官則司馬、司寇、大理中丞也。衰則尚寶卿⑪、武選、車駕、職方、武庫郎也。武則五府衣使也。在外任者，旺則總制、撫按、觀察、總兵也。衰則恤刑⑫、司理、參遊、把總也。

木爻旺相，京官則司空。衰則營繕，虞衡司也。在外任者，旺則關津、主稅。衰亦稅課、茶水之職也。

水爻旺相，京官則塚宰⑬也。取其銓衡⑭，如水之平。衰則文選、稽勳、封驗、都水郎也。在外任者，旺則鹽漕、河道、操江也。衰則水利、鹽運、糧運之職也。

火爻旺相，京官則宗伯、宮詹、學士、司成、司業、太常、翰林之官也。衰則中書也。旺加雀，則科道，衰則鴻臚也。在午爻者，旺則司馬，衰亦苑馬也。在外任者，帶文昌驛馬，加月建者，非典試之官，必督學之官也。衰則文學、爐冶、坑場之職也。

土爻旺相，京官則司農、京兆、巡城、倉院也。加龍德，則光祿也。在外任者，旺則方伯、屯田、督運、督糧也。衰則郡守、邑宰、開礦、取石、墾辟之使也。

世持官貴祿，而無印綬者，佐貳也。世持衰官，得日辰動財來生合，或伏財化財者，倉場、府庫、驛典之官也。世持官印，而無財者，非正選而差委之官也。

《筮訣》曰：「卦若無財，必非正選」。官衰印旺者，署印官也。

注釋

①助和鼎味：輔佐國政。

②榮膺燕賜：榮受宴飲賞賜。

③後蔭前封：舊指後代因為先代的功勳而受封。

④外任：舊指在京城以外的地方做官。

⑤武弁（biàn）：武官。

⑥六部：隋唐至清，中央行政機構分吏、戶、禮、兵、刑、工六部。

⑦通都大邑：指交通發達的大都會、大城市。

⑧布按都司：指布政司，按察司，都指揮使司。

⑨郡邑之宰：府縣之官。如郡守，知府，縣令等。

⑩涖（lì）民：管理百姓。
⑪尚寶卿：明代為朝廷掌管寶璽、符牌、印章的官員。
⑫恤（xù）刑：明代及清初由中央派往各地審錄刑囚、清理冤滯的官員，常被稱為恤刑。
⑬塚宰：為六卿之首，亦稱太宰。明代稱吏部尚書為塚宰。
⑭銓衡（quán héng）：指主管選拔官吏的職位。亦指主管選拔官吏的部門之長。

校勘記：

㈠「邑」，原本脱漏，據其文意補入。

二、候選

官臨身世，與財爻獨發。或世官加晝貴，帶龍雀動。或歲月帶官印，生合世身者，選也。世下伏官，或伏驛馬、印綬者，遲選。世持官貴值升爻，而休囚受剋者，下選。世加夜貴，帶龍雀動者，方催選陪點也。卦無官印，與官印空絕。或身世空絕，或子持世旺動，或子孫獨發者，俱不得選也。鬼化鬼者，事多反覆也。鬼動而財空絕者，選司無力也。官絕逢生者，事雖有阻，終得貴人力而成也。身世隨鬼入墓者，選不成，成亦不如意也。若值丁未、戊戌二殺墓者，雖選官到任，而旅親回鄉也。鬼帶亡劫、大殺，剋世身者，雖選官而不得赴任也。卦有官無父，或父值空死墓絕胎者，無任所也。欲知何日得官：官旺動者，遠則以值年合月為期，近則以值月合日為期也。官旺靜者，以衝動之年月日為期也。官伏藏者，以臨值之年月日為期也。官臨火動，選速。水動，選遲也。

又看卦宮。宮居《艮》，立春後選。宮居《震》，春分後選。宮居《巽》，立夏後選。宮居《離》，夏至後選。宮居《坤》，立秋後選。宮居《兌》，秋分後選。宮居《乾》，立冬後選。宮居《坎》，冬至後選也。

三、領憑

以文書為用。

旺則墓日可領，衰則生旺日可領，伏藏則臨值之日領也。卦無父，與父臨空死墓絕胎者，候久而不得也。

又父化父者，文憑不實也。

四、任所

一二世者近，三四世者遠，五六世者愈遠也。六合近，而六沖遠也。

世屬子，則《坎》宮，女、虛、危三宿之分野。今山東濟南、東昌、青州、登州、萊州五府之地也。

世屬丑，則《艮》宮，牛、斗二宿之分野。今南京、應天、揚州、徽州、寧國、池州、太平、安慶、蘇州、松江、常州、鎮江等府。與浙江杭州、嘉興、湖州、寧波、紹興、台州、金華、衢州、嚴州、溫州、處州等府。與江西南昌、瑞州、饒州、撫州、建昌、吉安、南安、臨江、贛州、南康、九江、廣信等府。與福建福州、泉州、興化、福寧州、邵武、延平、建寧、汀州、漳州等府。及廣東廣州、南雄、惠州、潮州、肇慶、高州、瓊州之地也。

世屬寅，則《艮》宮，尾、箕二宿之分野㊀。今北京、順天、昌平、永平、保定、河間㊁等府，與遼東、瀋陽等處之地也。

世屬卯，則《震》宮，氐、房、心三宿之分野。今南京、徐州、淮安之地也。

世屬辰，則《巽》宮，角、亢二宿之分野。今山東、兖州府之地也。

世屬巳，則《巽》宮，翼、軫二宿之分野。今湖廣荊州、岳州、長沙、寶慶、辰州、常德、衡州、永州、武昌、黃州、承天等府。與四川夔州府，貴州銅仁、黎平府，廣東廉州府，廣西桂林、梧州、潯州、南寧、太平、思明、柳州、慶遠、思恩、鎮安等府之地也。

世屬午，則《離》宮，柳、星、張三宿之分野。今河南、河南府、南陽府，湖廣鄖陽、襄陽、德安三府之地也。

世屬未，則《坤》宮，井、鬼二宿之分野。今陝西西安、漢中、鳳翔、平涼、臨洮、鞏昌、慶陽、延安等府。甘州潼關、榆林。寧夏、甘肅等處。與四川成都、龍安、順慶、保寧、重慶、敘州、馬湖等府。盧州、嘉定州、卭州①、眉州、雅州等處。與雲南、雲南府、臨安。廣西、楚雄、姚安、武定、景東、順寧、大理、蒙化、永寧、永昌等府。北勝州、雲州、麗江府、鶴慶府，與貴州貴陽、都勻、思州、石阡、銅仁等府之地也。

世屬申，則《坤》宮，畢、觜、參三宿之分野。今山西太原、平陽、潞安府、沁州、澤州、汾州、遼州之地也。

世屬酉，則《兌》宮，胃、昴二宿之分野。今北直真定、順德二府，山西大同府之地也。

世屬戌，則《乾》宮，奎、婁二宿之分野。今南京鳳陽、盧州二府，徐州之地也。

世屬亥，則《乾》宮，室、璧二宿之分野。今河南開封、彰德、衛輝、懷慶、汝州、汝寧等府，與北直大名府之地也。

虎易按：我國古代天文學家，把天空中可見的星，分成二十八組，稱爲二十八宿，東西南北四方各七宿。

東方青龍七宿是：角（jiǎo）、亢（kàng）、氐（dī）、房（fáng）、心（xīn）、尾（wěi）、箕（jī）。

南方朱雀七宿是：井（jǐng）、鬼（guǐ）、柳（liǔ）、星（xīng）、張（zhāng）、翼（yì）、軫（zhěn）。

西方白虎七宿是：奎（kuí）、婁（lóu）、胃（wèi）、昴（mǎo）、畢（bì）、觜（zī）、參（shēn）。

北方玄武七宿是：斗（dǒu）、牛（niú）、女（nǚ）、虛（xū）、危（wēi）、室（shì）、壁（bì）。

此節所論，以十二地支，對應二十八星宿分野，以確定地理方位。其中有些內容，也並非完全合理。讀者可根據其基本原理，以求測人當時所處之地爲原點，確定其地理方位爲宜。

校勘記：

㈠「尾、箕二宿之分野」，原本作「尾、箕二宿野」，疑誤，據上文體例改作。

㈡「河間」，原本作「河澗」，疑誤，據河北省地名改作。

五、赴任

分爻值旺相，而逢生合者吉。遇鬼值空，而被刑害剋破者，必有災難也。

又世為官，應為任所。世剋應，道途無阻。應剋世，到任不利。世生應，因官耗損。應生世，因官進益也。世空必有災難，陸行憂跌蹼，舟行憂風浪。若旺空，惟病而已。或得日辰動爻來沖剋，庶幾免咎也。

鬼谷分爻		
六爻	任所	
五爻	道路	賓師
四爻	車馬	
三爻	家眷	
二爻	伴侶	
初爻	行李	

六、在任

官加貴祿，臨扶身世者，到任操權也。父加貴馬，臨扶身世者，臨庭掌印也。官加龍貴，在陽宮、陽爻旺相者，政聲籍甚也。父受傷，而財空絕者，地瘠民貧也。父身動，而兄世動者，政繁賦缺也。日並兄動傷世者，吏多舞文也。兄化子孫剋世者，民多梗化①也。道路爻空，巡方之使多驚。子孫旺動，剿捕之官奏凱。

太歲傷官，朝仕必黜。月日生世，外任可升。官化財，非獎則薦也。官貴旺動生合世者，目下蒙薦也。歲月帶父旺動者，朝有宣勅也。太歲與五爻動，來生合世者，徵召入朝也。官爻、世爻臨五爻，或臨太歲，得父動來生合者，名書御榻也。三傳加財動，生合世者，受賜賚②也。

太歲與五爻生合父母，椿萱受贈。生合妻財，室人受誥③。生合子孫，兒孫得蔭。生合官鬼，祖妣恩榮也。財化福者，加俸秩④。財化兄者，罰俸糧也。

月日刑害剋破官爻、世爻，或貴官動傷身世者，被人彈劾也。官父逢空死墓絕胎，與被刑害剋破。或官父動化福，化空死墓絕胎，或化刑害剋破者，俱降職也。世官空動者，將失職也。官化退神，丁丑、丁未、壬辰、壬戌。遊魂化歸魂者，宜致仕⑤也。世空殺動者，宜避罪也。

世持官，加大殺動，或鬼帶亡劫動傷衰世，或世爻、身爻、命爻，俱空死墓絕者，皆死于任所也。

注釋

①梗化：謂頑固不服從教化。

②賜齎（cì jī）：賞賜。

③室人受誥（gào）：指夫人受封贈。

④俸秩：俸祿。

⑤致仕：舊時指交還官職，辭官（退而致仕）。

七、升遷

世為臣，應為君。

世應生合比和者，升。世生應，我求進。應生世，人薦舉。應沖剋世，外除①。應生合世，內除也。

世官旺動者升，財子同動者升，財爻獨發者升，歲月生扶身世者升，官臨唐符國印動者升。

鬼加雀，帶雷火殺動者升。官化財者，平升。鬼化鬼，甲子、甲午、己卯、己酉。逢進神，則超遷。逢退神，則調簡。歸魂卦，官爻旺靜者，必復任。遊魂卦，官爻旺動者，必遠升。遊魂化遊魂，升後再升遠處也。卦有兩父兩官旺動者，鴛鴦求仕也。

內旺外衰，宜守舊。內衰外旺，宜圖新。內外俱旺，彼此如意也。雀臨門戶爻動者，吉報至也。

若世空、官空，或官爻安靜伏藏，與身動刑歲月者，皆不升也。

注釋

①除：任命官職。

八、替代

官旺者，官逢死墓絕日代也。子旺動者，即時可代。卦無官者，絕日可代。外卦陽者代速，陰者替遲也。

占代官來者，以應爻生旺、世爻墓絕之日為期。或官爻生旺月日為期也。

九、貪廉

官印皆旺，財爻不見者，廉。世持兄旺動者，貪也。世下伏兄、化兄者，貪也。世持虎鬼，加刑刃、劫殺動者，酷也。世持鬼，加玄武、咸池、荒蕪、四廢殺動者，疲㊀軟也。世持虎鬼，加雷火、卒暴殺動者，浮躁也。世加天解、天赦、喝散動者，昭雪滯獄也。財空鬼旺者，廉名振而囊槖①空也。父空官旺者，爵位高而琴鶴②隨也。父母為行李。又初爻為吏民，初爻剋官剋世者，主賢明，吏民親邇③也。世爻、官爻剋初爻者，主苛刻，吏民畏避。生初爻者，主慈愛吏民也。

注釋

①囊槖（nángtuó）：口袋。代指財物。

②琴鶴：琴與鶴。古人常以琴鶴相隨，表示清高、廉潔。

③邇（ěr）：近。

校勘記：

㈠「疲」，原本作「罷」，義同，按現代用字方式改作。

十、官職退復

子旺動，父休空，官墓絕者，必退職也。欲知退職幾時，但以卦身為主。

如丑月來卜，得《噬嗑》卦：身在戌也，則戌亥子，退度三位，乃失職三月也。

又如午月來卜，得《艮》卦：

《易隱》卦例：教 034		
時間：丑月		
巽宮：火雷噬嗑		
本　卦		
子孫己巳火	▅▅▅▅▅	
妻財己未土	▅▅　▅▅	世
官鬼己酉金	▅▅▅▅▅	
妻財庚辰土	▅▅　▅▅	
兄弟庚寅木	▅▅　▅▅	應
父母庚子水	▅▅▅▅▅	

《易隱》卦例：教 035		
時間：午月		
艮宮：艮為山（六沖）		
本　卦		
官鬼丙寅木	▅▅▅▅▅	世
妻財丙子水	▅▅　▅▅	
兄弟丙戌土	▅▅　▅▅	
子孫丙申金	▅▅▅▅▅	應
父母丙午火	▅▅　▅▅	
兄弟丙辰土	▅▅　▅▅	

身在巳也。退度一位，乃失職一月也。

又如辰月來卜，得《蠱》卦：

身在寅也，退度二位，乃失職二月也。餘倣此。

又官遇三傳生扶者，必起復也。世下伏官，與伏印馬者，必官印臨值之年月日起官也。官父持身世旺靜者，必衝動官印之年月日起官也。旁爻帶貴馬旺動，來生身世上官印者，必得貴人提拔，以相生之年月日起官也。若旁爻兄弟旺動，帶亡劫隔神，來刑沖剋害身世上官印者，必有匪人相隔壞事也。

《易隱》卦例：教 036		
巽宮：山風蠱（歸魂）		
本	**卦**	
兄弟丙寅木	▅▅▅▅▅	應
父母丙子水	▅▅　▅▅	
妻財丙戌土	▅▅　▅▅	
官鬼辛酉金	▅▅▅▅▅	世
父母辛亥水	▅▅▅▅▅	
妻財辛丑土	▅▅　▅▅	

十一、丁憂起復

凡財爻帶白衣殺，或財加虎殺，會月建動來刑剋父母爻者，陽丁父艱，陰丁母艱也。

又二爻五爻，二為母，五為父。帶白衣殺旺動，傷世剋官者，二爻則母憂，五爻則父憂也。後遇生合官印之年月必起復，或官印生旺之年月起官也。

十二、附斷例

己丑年、壬申月、甲子旬、乙丑日，占求官？

得《震》之《豫》：

此卦己事不成，代占則成也。但費心力，多用財耳。蓋初爻子水文書，與申金官鬼，三合應上辰土。世為己，應為人也。所以費力者，蓋子水動化未土，文書受傷，又應財亦剋文書。所云剋我者，他來就我易。我剋者，我去就他難也。所喜日辰丑土，沖未合子，子水又長生于月建申中，故只損心神。行財賄，終必成也。若夫世爻旬空，丑日又刑之，己事必不可成也。

《易隱》卦例：占 022

時間：己丑年　壬申月　乙丑日（旬空：戌亥）

占事：占求官？

	震宮：震為雷（六沖）				震宮：雷地豫（六合）		
六神	**本　卦**				**變　卦**		
玄武	妻財庚戌土	▅▅　▅▅	世		妻財庚戌土	▅▅　▅▅	
白虎	官鬼庚申金	▅▅　▅▅			官鬼庚申金	▅▅　▅▅	
螣蛇	子孫庚午火	▅▅▅▅▅			子孫庚午火	▅▅▅▅▅	應
勾陳	妻財庚辰土	▅▅　▅▅	應		兄弟乙卯木	▅▅　▅▅	
朱雀	兄弟庚寅木	▅▅　▅▅			子孫乙巳火	▅▅　▅▅	
青龍	父母庚子水	▅▅▅▅▅		○→	妻財乙未土	▅▅　▅▅	世

己丑年、癸酉月、甲午旬、丁酉日，婿占岳翁，在京選官否？得《晉》之《噬嗑》：

此卦父臨歲破，巳官旬空。又初爻動化福來傷官，本宮午官伏酉兄之下，火死於酉。且月日衝動卯財，剋伏下辰土父母。戌土父母，雖伏巳官下受生，奈巳火空亡，土又敗於酉也，毫無生氣。故今歲恐選不成。待次年庚寅，火官長生，正月可選，五月可到任也。

《易隱》卦例：占 023

時間：己丑年　癸酉月　丁酉日　（旬空：辰巳）

占事：婿占岳翁，在京選官否？

		乾宮：火地晉（遊魂）				巽宮：火雷噬嗑		
六神	**伏　神**	**本　　卦**				**變　　卦**		
青龍	父母壬戌土	官鬼己巳火	▅▅▅▅▅			官鬼己巳火	▅▅▅▅▅	
玄武		父母己未土	▅▅　▅▅			父母己未土	▅▅　▅▅	世
白虎	官鬼壬午火	兄弟己酉金	▅▅▅▅▅	世		兄弟己酉金	▅▅▅▅▅	
螣蛇	父母甲辰土	妻財乙卯木	▅▅　▅▅			父母庚辰土	▅▅　▅▅	
勾陳		官鬼乙巳火	▅▅　▅▅			妻財庚寅木	▅▅　▅▅	應
朱雀	子孫甲子水	父母乙未土	▅▅　▅▅	應	╳→	子孫庚子水	▅▅▅▅▅	

己丑年、丙子月、甲子旬、丁卯日，占求官？得《睽》之《歸妹》：

本宮寅官，動合世下戌兄，所託貴人得力。父母屬火，文書雖動而化空㊀，得日辰生扶，必可成也。但本宮午火自刑，求仕文書，字眼必有疏駁處。得旁爻卯官相生，又得官府主張成就。本宮寅官，又伏傍爻巳火文書下，必另有貴人保舉，或別經勘驗，方得完備，乃經兩三衙門之事也。畢竟火空無氣，須待立春後官現，方準。立夏後文書旺，方完備。官動六爻，地方遠，外《離》化《震》，必選東方也。

虎易按：「本宮寅官，動合世下戌兄」，大約是指六爻父母己巳火下所伏的官鬼丙寅木，與伏於世爻下的兄弟丙戌土，以及伏於二爻下的父母丙午火，三者可以構成合局。「得旁爻卯官相生，」，是指二爻的官鬼丁卯木，不屬於艮宮，因此，稱為旁爻。「官動六爻」，是指六爻所伏的官鬼丙寅木，

《易隱》卦例：占 024

時間：己丑年　丙子月　丁卯日（旬空：戌亥）

占事：占求官？

		艮宮：火澤睽				兌宮：雷澤歸妹（歸魂）		
六神	伏神	本卦				變卦		
青龍	官鬼丙寅木	父母己巳火	━━━		○→	兄弟庚戌土	━ ━	應
玄武	妻財丙子水	兄弟己未土	━ ━			子孫庚申金	━ ━	
白虎	兄弟丙戌土	子孫己酉金	━━━	世		父母庚午火	━━━	
騰蛇		兄弟丁丑土	━ ━			兄弟丁丑土	━ ━	世
勾陳	父母丙午火	官鬼丁卯木	━━━			官鬼丁卯木	━━━	
朱雀		父母丁巳火	━━━	應		父母丁巳火	━━━	

隨飛神父母己巳火動。供讀者參考。

庚寅年、庚辰月、甲戌旬、戊寅日，占為官安否？

得《剝》之《觀》：

本宮午官，伏墓戌土下，午為自刑。傍爻子動，沖官傷官，必曾冒犯官長。官不蒞事①，本宮父母又值旬空季空，此因文書不明，而忤上臺也。問之，果然。

虎易按：「傍爻子動，」是指世爻丙子水，不是乾宮子孫。乾宮子孫，是初爻下伏的甲子水。「本宮父母又值旬空季空」，此論欠當。乾宮父母，三爻甲辰臨月令，六爻壬戌為月破。甲戌旬中申酉空，世爻下伏的兄弟壬申金為空，可謂外強中乾。世爻動而化絕，墓於月，病於日。四爻父母逢月破而化退。供讀者參考。

《易隱》卦例：占 025

時間：庚寅年　庚辰月　戊寅日（旬空：申酉）

占事：占為官安否？

		乾宮：山地剝				乾宮：風地觀		
六神	**伏　神**	**本　　卦**				**變　　卦**		
朱雀	父母壬戌土	妻財丙寅木	▅▅▅▅▅			妻財辛卯木	▅▅▅▅▅	
青龍	兄弟壬申金	子孫丙子水	▅▅　▅▅	世	╳→	官鬼辛巳火	▅▅▅▅▅	
玄武	官鬼壬午火	父母丙戌土	▅▅　▅▅			父母辛未土	▅▅　▅▅	世
白虎	父母甲辰土	妻財乙卯木	▅▅　▅▅			妻財乙卯木	▅▅　▅▅	
騰蛇		官鬼乙巳火	▅▅　▅▅	應		官鬼乙巳火	▅▅　▅▅	
勾陳	子孫甲子水	父母乙未土	▅▅　▅▅			父母乙未土	▅▅　▅▅	應

庚寅年、辛巳月、甲申旬、壬辰日，占求官？

得《需》卦安靜：

本宮巳火文書，臨月建，伏在官鬼之下。又巳火生世下丑土，求官必得。所嫌旁爻申金持世，與月建六合來剋官，日辰又生之，主暫時阻節。終是夏金逢時空，不能為禍。本宮卯木官，伏辰土兄弟下，日辰又是兄弟，為劫財之神。兼旁爻寅鬼，與本宮巳父相刑，乃所掌官吏，有求索之意，若與之賄，事必諧矣。

《易隱》卦例：占 026

時間：庚寅年　辛巳月　壬辰日（旬空：午未）

占事：占求官？

坤宮：水天需（遊魂）

六神	伏　神	本　　卦		
白虎		妻財戊子水	▅▅ ▅▅	
螣蛇		兄弟戊戌土	▅▅▅▅▅	
勾陳	兄弟癸丑土	子孫戊申金	▅▅ ▅▅	世
朱雀	官鬼乙卯木	兄弟甲辰土	▅▅▅▅▅	
青龍	父母乙巳火	官鬼甲寅木	▅▅▅▅▅	
玄武		妻財甲子水	▅▅▅▅▅	應

庚寅年、辛巳月、甲午㈢旬、丁酉日，占求官？得《乾》之《離》：

二五爻辭，俱有「利見大人」，本吉。但六沖化六沖，又寅財動剋文書，申兄動多阻隔，目下不成。直待辰戌印綬年可求，午火官鬼年，可得官也。

虎易按：「又寅財動剋文書」，此論無理。寅木動，但被日令所剋，無力剋父母文書。供讀者參考。

《易隱》卦例：占 027

時間：庚寅年　辛巳月　丁酉日（旬空：辰巳）

占事：占求官？

	乾宮：乾為天（六沖）				離宮：離為火（六沖）		
六神	本　卦				變　卦		
青龍	父母壬戌土	▅▅▅▅▅	世		官鬼己巳火	▅▅▅▅▅	世
玄武	兄弟壬申金	▅▅▅▅▅		○→	父母己未土	▅▅　▅▅	
白虎	官鬼壬午火	▅▅▅▅▅			兄弟己酉金	▅▅▅▅▅	
騰蛇	父母甲辰土	▅▅▅▅▅	應		子孫己亥水	▅▅▅▅▅	應
勾陳	妻財甲寅木	▅▅▅▅▅		○→	父母己丑土	▅▅　▅▅	
朱雀	子孫甲子水	▅▅▅▅▅			妻財己卯木	▅▅▅▅▅	

庚寅年、壬午月、甲戌日，占在任安否？得《歸妹》之《泰》：午官動㊂入戌墓，丑印化入辰墓，主災死。惟致仕可免也。

《易隱》卦例：占 028

時間：庚寅年　壬午月　甲戌日（旬空：申酉）

占事：占在任安否？

	兌宮：雷澤歸妹（歸魂）				坤宮：地天泰（六合）		
六神	**本　　卦**				**變　　卦**		
玄武	父母庚戌土	▅▅　▅▅	應		兄弟癸酉金	▅▅　▅▅	應
白虎	兄弟庚申金	▅▅　▅▅			子孫癸亥水	▅▅　▅▅	
騰蛇	官鬼庚午火	▅▅▅▅▅		○→	父母癸丑土	▅▅　▅▅	
勾陳	父母丁丑土	▅▅　▅▅	世	╳→	父母甲辰土	▅▅▅▅▅	世
朱雀	妻財丁卯木	▅▅▅▅▅			妻財甲寅木	▅▅▅▅▅	
青龍	官鬼丁巳火	▅▅▅▅▅			子孫甲子水	▅▅▅▅▅	

是月是日，有占起官者？得《剝》之《晉》：世臨子水，伏申金，金生水為印綬。又寅年午月戌日，馬聚于申。世下伏印馬，後必起官。但嫌本宮午官伏墓戌下，須待壬辰年衝開戌墓，透出午官。又辰年與世爻飛伏申子三合，故其年壬寅月，可用財求謀，官生在寅也。丙午月得官，官旺於午也。近則未月到任，遠則戌月到任也。土為印綬，未與午官六合，戌與午官三合也。

虎易按：「金生水為印綬」，是以「生我者為父母」，轉換六親得來的。「世下伏印馬」，指兄弟壬申金臨驛馬，轉換六親後，兄弟壬申金則為世爻子孫丙子水的父母，父母為印綬。「土為印綬」，指本卦父母爻屬土。供讀者參考。

注釋

①蒞事（lì shì）：視事，處理公務。

《易隱》卦例：占029

時間：庚寅年　壬午月　甲戌日（旬空：申酉）

占事：有占起官者？

		乾宮：山地剝				乾宮：火地晉（遊魂）		
六神	**伏　神**	**本　　卦**				**變　　卦**		
玄武		妻財丙寅木	━━━			官鬼己巳火	━━━	
白虎	兄弟壬申金	子孫丙子水	━ ━	世		父母己未土	━ ━	
螣蛇	官鬼壬午火	父母丙戌土	━ ━		╳→	兄弟己酉金	━━━	世
勾陳		妻財乙卯木	━ ━			妻財乙卯木	━ ━	
朱雀		官鬼乙巳火	━ ━	應		官鬼乙巳火	━ ━	
青龍		父母乙未土	━ ━			父母乙未土	━ ━	應

校勘記：

㈠「文書雖動而化空」，原本作「文書雖亡時空」，疑誤，據其理及文意改作。

㈡「午」，原本作「子」，疑誤，據其文意改作。

㈢「動」，原本作「化」，疑誤，據其卦理及文意改作。

文書占

遊南子曰：「文書之占，有公私之辨焉。雖俱以父母為用，然公占則以官旺為助，私占則以子旺為助也」。三傳刑害剋破父母者，不成。卦無官父，或官父臨空絕，與化空絕者，非不發，則遺失也。父值墓胎，與化墓胎，或加勾土旺動者，必阻滯耽擱，逗留月日也。

若乃在官，而占文憑誥敕，與夫公文差劄者。但身世坐祿馬貴官印綬，或三傳值官印動，來生合身世者，必可得也。

為商而占鹽引鈔文，與私居而占契券田貼者。但父母旺動生合世身，而財子旺靜者，有也。應爻空絕墓胎，與世持財加武動者，無也。財剋文書，武剋朱雀。

至問文書何時可得者，旺則待入墓之月日，衰則候生旺之月日，旺動則逢合之月日，旺靜則衝動之月日也。若文書伏藏者，待文書臨值之月日得也。

一、附斷例

庚寅年、戊寅月、乙卯日，代占求文書？得《剝》之《觀》：

傍爻巳官臨應，受歲月日生，人多云吉。終是被歲月刑巳，又世上旁爻子動傷官，本宮辰戌文書，皆值時空，三傳剋之：且世應相剋，人事不和，決主百事無成也。

虎易按：「本宮辰戌文書，皆值時空」，本卦旬空為子丑，此論有誤。供讀者參考。

《易隱》卦例：占030							
時間：庚寅年　戊寅月　乙卯日（旬空：子丑）							
占事：代占求文書？							
	乾宮：山地剝				乾宮：風地觀		
六神	**本　　卦**				**變　　卦**		
玄武	妻財丙寅木	▅▅▅▅▅			妻財辛卯木	▅▅▅▅▅	
白虎	子孫丙子水	▅▅　▅▅	世	╳→	官鬼辛巳火	▅▅▅▅▅	
騰蛇	父母丙戌土	▅▅　▅▅			父母辛未土	▅▅　▅▅	世
勾陳	妻財乙卯木	▅▅　▅▅			妻財乙卯木	▅▅　▅▅	
朱雀	官鬼乙巳火	▅▅　▅▅	應		官鬼乙巳火	▅▅　▅▅	
青龍	父母乙未土	▅▅　▅▅			父母乙未土	▅▅　▅▅	應

庚寅年、庚辰月、己巳日，占託人求文書？得《豐》之《復》：

主文書卻在，其人必死也。緣申金文書，與日辰巳火六合。而動爻亥水兄弟，化入辰墓。又犯日破，況病於歲建寅中，墓於月建辰中，絕於日建巳中，故知其必死也。

《易隱》卦例：占031						
時間：庚寅年　庚辰月　己巳日（旬空：戌亥）						
占事：占託人求文書？						
	坎宮：雷火豐				坤宮：地雷復（六合）	
六神	本　卦				變　卦	
勾陳	官鬼庚戌土	▅▅　▅▅			父母癸酉金 ▅▅　▅▅	
朱雀	父母庚申金	▅▅　▅▅	世		兄弟癸亥水 ▅▅　▅▅	
青龍	妻財庚午火	▅▅▅▅▅		○→	官鬼癸丑土 ▅▅　▅▅	應
玄武	兄弟己亥水	▅▅▅▅▅		○→	官鬼庚辰土 ▅▅　▅▅	
白虎	官鬼己丑土	▅▅　▅▅	應		子孫庚寅木 ▅▅　▅▅	
螣蛇	子孫己卯木	▅▅▅▅▅			兄弟庚子水 ▅▅▅▅▅	世

庚寅年、甲申月、庚辰日，求占文書？得《升》之《小過》：

二爻亥水文書，動化午火子孫，水胎於午，是為文書化入胎爻，乃小墓也，事主難成。卻喜申月旺生，文書化胎不能為害，後於子日成就。蓋文書旺于子，且衝破午胎也。

《易隱》卦例：占 032

時間：庚寅年　甲申月　庚辰日（旬空：申酉）

占事：求占文書？

	震宮：地風升				兌宮：雷山小過（遊魂）		
六神	**本　　卦**				**變　　卦**		
騰蛇	官鬼癸酉金	▅▅　▅▅			妻財庚戌土	▅▅　▅▅	
勾陳	父母癸亥水	▅▅　▅▅			官鬼庚申金	▅▅　▅▅	
朱雀	妻財癸丑土	▅▅　▅▅	世	╳→	子孫庚午火	▅▅▅▅▅	世
青龍	官鬼辛酉金	▅▅▅▅▅			官鬼丙申金	▅▅▅▅▅	
玄武	父母辛亥水	▅▅▅▅▅		○→	子孫丙午火	▅▅　▅▅	
白虎	妻財辛丑土	▅▅　▅▅	應		妻財丙辰土	▅▅　▅▅	應

庚寅年、丁亥月、丁酉日，占託人求文書？得《大壯》安靜：

主本月可成，出月則不成也。蓋世持午火文書，生本宮世下丑土。應上飛神子，與世下丑合。應下伏神未，與世上午合，故可成也。若出月，則十一月建子，並動應爻，沖脫文書，所以不成也。

謁貴占

遊南子曰：「人之謁貴，必有所求，必有所託也。故始焉，恐其不得見也。見矣，恐其不如所請也。是不可以無占也」。

占者，但看所謁之貴，是何分爻。出現旺動，生合身世者，往必得見，見必如吾所請也。如逢伏藏空死墓絕胎，而刑害剋沖世身者，往必不見，見必不遂吾求也。

鬼谷分爻	
六爻	大貴
五爻	中貴
四爻	朝貴
三爻	州郡省貴
二爻	縣貴
初爻	鄉貴

《易隱》卦例：占 033

時間：庚寅年　丁亥月　丁酉日（旬空：辰巳）

占事：占託人求文書？

坤宮：雷天大壯（六沖）

六神	伏神	本卦		
青龍		兄弟庚戌土	▅▅　▅▅	
玄武		子孫庚申金	▅▅　▅▅	
白虎	兄弟癸丑土	父母庚午火	▅▅▅▅▅	世
騰蛇		兄弟甲辰土	▅▅▅▅▅	
勾陳		官鬼甲寅木	▅▅▅▅▅	
朱雀	兄弟乙未土	妻財甲子水	▅▅▅▅▅	應

一、見否

外卦與應爻、官爻屬陰者，在家也。屬陽者，出外也。陽變陰者，外方回也。陰變陽者，方出外也。應爻、官爻出現者，在家也。伏藏者，不在也。動者難見，空者不見。空而旺者，過旬乃見。出現旺動，而不帶土者，不見也。

虎易按「出現旺動，而不帶土者，不見也」，不知何意。疑其當作「出現旺動，而不帶合者，不見也」。供讀者參考。

陰爻化陽者，而見而遇。陽爻化陰者，再見而拒也。占六合者見，六沖者不見也。卦無身，或無鬼，或世應俱空，世應俱鬼者，不必往見也。

凡世應內外官鬼，生合比和者，待應爻、官爻生世合世之日可見，或應爻、官爻生旺之日相見也。

二、相見喜怒

外卦與應爻、官爻，生合世身、內卦者，見而悅也。刑害剋沖世身、內卦者，見而嗔也。應爻、官爻雖生合身世，而變爻刑害剋沖者，先悅後嗔也。先刑害剋沖身世，而變來生合者，先怒後喜也。應爻、官爻受日辰動爻刑害剋破，或化死墓絕胎者，彼有災病禍事也。

加龍動者，和藹多情。加雀動者，多言易怒。加勾動者，率直無文。加蛇動者，多疑寡信 。加虎動者，狠毒無恩。加武動者，狡詐多端也。

凡夤緣㊀與興訟 及上書獻策，而謁貴者，以官鬼為用也。

鬼爻旺動，生合世身者，吉也。鬼逢空死墓絕胎者，無力也。鬼動來刑害剋沖身世者，不允也。加虎殺來傷者，非惟不允，反遭罪謫 也。

為息訟 釋罪，而謁貴者，子孫為用也。

應爻持子旺動，帶喝散解神，生合世者。或世持子孫，或月日是子孫，來生合世者。吉也。應爻子孫逢空死墓絕胎，或被刑害剋沖者，無力也。

為求書懇薦 ，而謁貴者，以父母為用也。

鬼旺動生合父，與父旺動生合身世者，有也。父逢空死墓絕胎者，無也。父被刑害剋破者，有而若無也。財持世旺動，與財爻獨發者，求必不得，得亦無力也。

有饋送，而謁貴者，以應爻為用也。

應逢空死墓絕胎者，人不遇，遇亦不投也。財帶退神動，丁丑、丁未、壬辰、壬戌。與財動化退神者，物不納也。應財旺動生合世者，饋薄而答厚也。應動刑害剋沖世，而間兄又動者，被間而情疏也。

注釋

①寡信：少信用；少誠信。

②夤緣（yín yuán）：本指攀附上升，後喻攀附權貴，向上巴結。

③興訟：發生訴訟，打官司。

④罪謫（zhé）：古代官吏因罪降調或流放。

⑤息訟：平息爭訟。

⑥懇薦：懇求介紹或者推薦。

校勘記：

㊀「夤緣」，原本作「寅援」，疑誤，據其文意改作。

易隱卷七

明　東粵遊南子　曹九錫　輯
男　橫琴居士　璿　演

行人占

遊南子曰：「行人之占，占其來情，占其安危，占其囊橐，占其所在，占其歸期而已。亦有羈旅①他鄉，而魚雁②杳絕者，又將占其音信之有無也」。

初爻、二爻動者，行人起身在途，用爻、應爻墓日歸也。

動持兄鬼者，行人有不吉之事，身足羈絆③，未即到也。

初臨鬼，足有疾。二臨鬼，身有疾。三臨鬼，同伴災。四臨鬼，馬病劣。五臨鬼，車損傷也。

用爻、應爻帶財福驛馬，臨門戶爻動者，即至也。臨道路爻動者，在途也。動逢空，與動帶退神，或動化退神者，丁丑、丁未、壬辰、壬戌為退神。登程復返也。

鬼谷分爻	
六爻	地頭
五爻	路車
四爻	門馬
三爻	同伴
二爻	身
初爻	足

看在何位動，即知何地轉去也。要知行幾裡轉去，以動爻支神，用一水、二火、三木、四金、五土之數推之。旺相加倍，休如數，囚死減半也。用爻、應爻居六爻，加財福驛馬動者，起身也。靜則尚未動身。帶鬼動者，失意而回。帶鬼靜者，病於彼地也。

注釋

①羈（jī）旅：指客居異鄉的人。

②魚雁：用來形容書信。

③羈（jī）絆：猶言束縛牽制。

一、來情

用爻、應爻生世、合世、剋世者，欲歸也。刑沖害世者，不欲歸也。靜而生剋世者，心懷歸也。待逢衝動日月起身，生旺月日到家也。逢沖暗動者，心方懷歸，而身未動也。用爻、應爻帶馬動生世者，即回也。帶馬在外卦動，來刑沖世者，遠去也。遊魂、六沖卦，應動用動者，遠去也。歸魂、六合卦，應動用動者，即歸也。用爻、應爻休囚，或遇退神動，或帶馬空動者，久年不返也。帶玄武咸池，遇日辰合住者，行人戀私交也。

二、安危

用爻、應爻，逢空死墓絕胎，或化空死墓絕胎者，重則死，輕則病也。被刑害剋破，或動化刑害剋破者，非受侮，必生災也。加龍動者，必得意。加雀動者，先附信。加蛇動者，有驚恐。加虎動者，防摽掠①。加武動者，遇小人。加勾動者，主淹留。勾土旺動，剋應剋用者，卒急②難來也。

用伏父下，文書阻滯也。用伏財下，買賣牽連也。用伏子下，僧道羈留也。用伏兄下，同伴耽擱也。用伏官下，陽為訟，陰有災也。鬼加龍，喜處招殃。鬼加雀，怒詈③致禍。鬼加勾，爭鬥生災。鬼加蛇，驚惶患病。鬼加虎，喪家惹禍。鬼加武，酒色啟釁也。

用伏應爻財下者，身贅他鄉也。用入應爻財庫者，蹤羈富室也。用應衰空，受四直動剋者，喪身異域也。應馬內卦空動，與應馬外動墓於內卦者，到家損命也。用應加折傷殺動者，在外跌傷也。虎鬼加大殺，動剋應用者，有病難也。

注釋

①摽掠（biāo lüě）：搶劫、擄掠。摽，通「剽」。

②卒急：匆促，急迫。

③怒詈（lì）：憤怒，責罵。

三、囊橐

應爻、用爻臨青龍財福動者，獲利而歸也。旺多衰少。財受生者倍得，財受剋者減半也。要知是何財物，以五行定之。財加武動，與財化兄鬼者，中途被騙也。財化財者，謂之化去。若加武，剋應剋用者，防剪綹①賊也。

二㊀爻鬼臨龍貴動者，謂之宅神有氣，必滿載而歸也。應臨兄旺動者，必伴侶衆，多費盤纏也。

注釋

①剪綹（liǔ）：謂偷竊錢物。

校勘記：

㈠「二」，原本作「三」，疑誤，據其理及文意改作。

四、所在

行人何方居止，隨用爻、應爻之支神斷之。子北方，丑寅東北，卯東方，辰巳東南，午南方，未申西南，酉西方，戌亥西北也。

行人何家居止，以卦身所生之爻斷之。爻屬父，父母尊長家。爻屬兄，兄弟朋友家。爻屬財，妻妾、婦人、富翁家。爻屬子，僧道、醫人、捕役家。爻屬鬼，官吏、軍卒、牙人家也。

行人久出，不知其程，則視用爻、應爻干支之神，以甲己子午九，乙庚丑未八，丙辛寅申七，丁壬卯酉六，戊癸辰戌五，巳亥常加四之數推之。如用值丁卯，丁六數，卯六數，共十二。近則十二裡，遠則一百二十裡。再遠，則一千二百里。旺相加倍，休如數，囚死減半也。

五、歸期

凡用爻、應爻動者，三合日到，或六合日到也。靜取衝動月日起程，旺生月日到也。衰取旺日到，旺取墓日到也。用爻伏藏者，取用爻臨值之年月，與六合之月日到也。

世動剋應剋用者，身世兩空者，日辰刑剋應用者，日辰並動忌神者，財動化空墓絕胎者，皆不至也。耶律氏以財為行李。

《管公口訣》曰：「世應俱空也，行人歸等間。試之少驗。世應俱動，與身世持水火動，或身臨用爻動，或身爻、應爻臨財旺動，或世空財旺動，或日辰生用生應，或父雀動剋世，或用加龍動，或用帶天耳、天目動，或卦亂動者，皆到也。世動剋雀父者，來遲也。應爻、用爻，動逢合住者，待衝開合日方歸也。動帶水爻者，雨中歸也。動世剋動應者，行人往他鄉也。用絕逢生者，遇故人帶回也。應墓逢沖者，有人催逼起身也。世爻沖合用爻、應爻者，須遣人尋覓也。外卦、應爻、用爻持陰鬼，加蛇動者，行人夢回家。在內卦、世爻動者，家人夢彼回家也。陽在已往，陰則未來。其夢在鬼爻生旺之日得也」。又耶律先生以八卦定歸否。如行人本在北方，而應爻、用爻入《離》宮動者，必回南也。入《坎》宮動者，方動身也。在《坎》宮靜者，無歸心也。餘倣此。

六、音信

以應爻、父母為用也。

應爻與父母動來生合剋世者，但逢父母生旺臨值之日有信也。外動內靜，應動世靜者，有也。外靜內動，應靜世動者，無也，或本家付信去也。世應俱空者，家信不去，彼信不來也。應爻、父爻臨空墓絕胎，無信也。父化空者遺失，化胎墓者沉匿。化沖逢沖者，偷拆也。父動逢合者，被人留住。父加勾動者，途中耽擱。父加雀空動者，人匿書也。世持財動，與世武剋應雀者，或財爻獨發者，俱無信也。

父帶雀動者，有書。父空雀動者，有口信。龍父動者，喜信。虎父動者，兇信。父動化福、化喜者，吉信。化鬼、化刑害剋者，兇信。父化父者，書不一也。

七、在外占後人來否

以用爻、應爻為主。

用爻、應爻與身爻動者，已揚鞭也。逢空墓絕胎者，尚留家也。受刑害剋沖者，為事阻也。以六親定其何人所留，以六神定其何事所阻也。

歸魂卦，應爻、用爻靜者，不出戶也。遊魂卦，應爻、用爻動者，已登程也。

六沖、六靜卦，不至。六合、亂動卦，至也。

八、附斷例

庚寅年、辛巳月、乙未日，妻卜夫遠行，年內何月到？得《小畜》安靜：

《易隱》卦例：占 034				
時間：庚寅年　辛巳月　乙未日（旬空：辰巳）				
占事：妻卜夫遠行，年內何月到？				
巽宮：風天小畜				
六神	伏神	本卦		
玄武		兄弟辛卯木	▅▅▅▅▅	
白虎		子孫辛巳火	▅▅▅▅▅	
螣蛇		妻財辛未土	▅▅　▅▅	應
勾陳	官鬼辛酉金	妻財甲辰土	▅▅▅▅▅	
朱雀		兄弟甲寅木	▅▅▅▅▅	
青龍		父母甲子水	▅▅▅▅▅	世

六爻無官，喜本宮酉官伏辰土之下，官賴財

生，年內必到。但嫌用爻不現，直待酉月丙辰日，官臨月建，又得日辰天地合德，其夫果到也。

此月此日，又有妻占夫出外多年？亦得《小畜》：

當在丁酉年，甲辰月回家也。

虎易按：此例與上例為同一卦，不知作者分析，何以論「當在丁酉年，甲辰月回家也」。從時間上看，庚寅年占，至丁酉年，時間長度為八年，作者是否真的在八年後得到真實的資訊？存疑。供讀者參考。

《易隱》卦例：占 035

時間：庚寅年　辛巳月　乙未日（旬空：辰巳）

占事：又有妻占夫出外多年？

巽宮：風天小畜

六神	伏神	本　　卦		
玄武		兄弟辛卯木	▅▅▅▅▅	
白虎		子孫辛巳火	▅▅▅▅▅	
騰蛇		妻財辛未土	▅▅　▅▅	應
勾陳	官鬼辛酉金	妻財甲辰土	▅▅▅▅▅	
朱雀		兄弟甲寅木	▅▅▅▅▅	
青龍		父母甲子水	▅▅▅▅▅	世

庚寅年、己卯月、癸卯日，父卜子回？得《艮》之《蠱》：二爻午父獨發，得三傳生之。申金子孫，又絕於歲建，胎於月日建，不能當此旺父。子果本年壬午月甲戌日，客死他鄉。以寅年午月戌日，會戌火局，剋申金子孫也。

《易隱》卦例：占 036

時間：庚寅年　己卯月　癸卯日（旬空：辰巳）

占事：父卜子回？

	艮宮：艮為山（六沖）				巽宮：山風蠱（歸魂）		
六神	**本　卦**				**變　卦**		
白虎	官鬼丙寅木	▅▅▅▅▅	世		官鬼丙寅木	▅▅▅▅▅	應
騰蛇	妻財丙子水	▅▅　▅▅			妻財丙子水	▅▅　▅▅	
勾陳	兄弟丙戌土	▅▅　▅▅			兄弟丙戌土	▅▅　▅▅	
朱雀	子孫丙申金	▅▅▅▅▅	應		子孫辛酉金	▅▅▅▅▅	世
青龍	父母丙午火	▅▅　▅▅		╳→	妻財辛亥水	▅▅▅▅▅	
玄武	兄弟丙辰土	▅▅　▅▅			兄弟辛丑土	▅▅　▅▅	

庚寅年、癸未月、乙巳日，父占子被盜捉去，何日歸？得《乾》之《鼎》：初爻子孫帶龍動，理宜即歸。奈月建害之，又絕於巳日。喜五爻申金旺動，生合子孫，所云絕處逢生也。又嫌子化丑土，合住用爻。待丁未日衝破丑合，果回家也。

《易隱》卦例：占 037						
時間：庚寅年　癸未月　乙巳日（旬空：寅卯）						
占事：父占子被盜捉去，何日歸？						
	乾宮：乾為天（六沖）				離宮：火風鼎	
六神	本　卦				變　卦	
玄武	父母壬戌土	▅▅▅▅▅	世		官鬼己巳火 ▅▅▅▅▅	
白虎	兄弟壬申金	▅▅▅▅▅		○→	父母己未土 ▅▅　▅▅	應
騰蛇	官鬼壬午火	▅▅▅▅▅			兄弟己酉金 ▅▅▅▅▅	
勾陳	父母甲辰土	▅▅▅▅▅	應		兄弟辛酉金 ▅▅▅▅▅	
朱雀	妻財甲寅木	▅▅▅▅▅			子孫辛亥水 ▅▅▅▅▅	世
青龍	子孫甲子水	▅▅▅▅▅		○→	父母辛丑土 ▅▅　▅▅	

庚寅年、丁亥月、甲辰日，妻占夫回？得《家人》之《益》：

此卦忌神不動，仇神又空，元神正臨身世。獨嫌酉官伏亥水下，名為洩氣。故日下未來，直待用爻值日方到。果於己酉日回也。

《易隱》卦例：占038								
時間：庚寅年　丁亥月　甲辰日（旬空：寅卯）								
占事：妻占夫回？								
		巽宮：風火家人				巽宮：風雷益		
六神	**伏　神**	**本　　卦**				**變　　卦**		
玄武		兄弟辛卯木	▅▅▅			兄弟辛卯木	▅▅▅	應
白虎		子孫辛巳火	▅▅▅	應		子孫辛巳火	▅▅▅	
螣蛇		妻財辛未土	▅ ▅			妻財辛未土	▅ ▅	
勾陳	官鬼辛酉金	父母己亥水	▅▅▅		○→	妻財庚辰土	▅ ▅	世
朱雀		妻財己丑土	▅ ▅	世		兄弟庚寅木	▅ ▅	
青龍		兄弟己卯木	▅▅▅			父母庚子水	▅▅▅	

出行占

遊南子曰：「占出行者，先問方向之吉凶，次察啟行之果否，後推道途之通塞，與夫所圖之遂意否也」。初爻值鬼足傷，空則無腳子也。二爻值鬼身災，空則身有阻也。三爻值鬼伴災，空則無伴侶也。四爻值鬼，去後家有訟事，空則難出門也。五爻值鬼，道路阻，空則旅店淒涼也。五爻空，行李失。鬼空遇拐子①，福空遇惡伴，兄空同伴災，財空貨物失也。或陸行有蹼跌，舟行遇風浪也。六爻值鬼，到彼不如意，空則地頭蕭索②也。

鬼谷分爻	
六爻	地頭
五爻	旅店
四爻	門戶
三爻	伴侶
二爻	己身
初爻	足

注釋

①拐子：拐騙人口、財物的人。

②蕭索（xiāo suǒ）：蕭條冷落；淒涼。

一、向方

世爻為用。

世居《乾》、《兑》，化《離》受剋，則不宜南行。化《艮》為墓絕，不宜東北。化子為死地，不宜北行。化《震》為財方，化《巽》為生方，化《坤》為冠帶、臨官之方。《乾》化《兑》，為旺方，皆利有攸往也。《兑》化《乾》，為衰病之方，亦不宜往也。餘卦倣此。

又金世不利南行，木世不利西行，火世不利北行，土世不利東行，水世不利《乾》、《坤》、《艮》、《巽》方行也。

又世爻死墓絕胎之方，不可往也。官臨馬動者，不可往也。卦得歸魂、八純，《明夷》、《節》、《坎》、《艮》，與六爻亂動者，俱不宜行也。

虎易按：「世居《乾》《兑》，化《離》受剋，則不宜南行」。指離火剋《乾》《兑》金。

「化《艮》為墓絕，不宜東北」。指《艮》為丑、寅方，丑為金之墓，寅為金之絕地。

「化子為死地，不宜北行」。指《乾》《兑》為金，金入子為死地。

「化《震》為財方」，指《震》為木，金剋木，木為金之財。

「化《巽》為生方」，指《巽》為辰、巳方，金入辰得生，入巳為長生。

「化《坤》為冠帶、臨官之方」。指《坤》為未、申方，金入未為冠帶，入申為臨官。

「《乾》化《兑》，為旺方，皆利有攸往也」。指《兑》為酉方，為金帝旺之地。

「《兑》化《乾》，為衰病之方，亦不宜往也」。指《乾》為戌、亥方，金入戌為衰，入亥為病。

「水世不利《乾》《坤》《艮》《巽》方行也」。指《乾》為戌方，《坤》為未方，《艮》為丑方，《巽》為辰方，土剋水不利。

「卦得歸魂、八純，《明夷》、《節》、《坎》、《艮》，與六爻亂動者，俱不宜行也」。此說並非完全合理，讀者可參考。

二、行否

身世動者即行，靜則行期未定也。靜逢沖者，同伴催行。動遇合者，因人留住。身世逢月破者，無的期①。勾土動剋身世者，因事羈絆。世臨土鬼，未得起身。帶大殺動者，有禍。世鬼加鬼，貴人留滯。加官符、朱雀，訟事牽連。

加喪門、弔客、病符、死符者，為死喪、疾病之事留也。父母剋身者，父母留。兄弟妻子剋身者，兄弟妻子留也。身世逢空死墓絕胎者，去不成也，去亦失意而返。世身空動者，半途而返也。

注釋

①的（dì）期：確切的時間，日期。

三、通塞

內剋外，世剋應者，出行得意也。外剋內，應剋世者，出行有禍也。內生外，世生應者，有破耗也。外生內，應生世者，有外財也。內外應世比和者，所行快利也。身世同爻者，出行有阻也。卦身值鬼者，出仕則吉，否則生災也。龍福生持身世者，好去好回也。間爻兩動者，中途有梗也。間爻兩空者，中道多虞也。鬼動剋世，途遇凶人。虎動剋身，與人爭鬥。虎加大殺，必有病厄。雀動剋身，與人爭訟。蛇動剋身，路上憂驚。勾動剋身，途中阻滯。勾加水動，遇雨而阻。武動剋世，須防盜賊。

午官動剋世，墮馬而傷。木官動剋世，舟車所傷。折傷殺臨世動，須防蹼跌。往亡殺臨世動，必有險厄。華蓋鬼剋身，禍起僧道。財動刑剋世，貪財受累。陰財動合世，而化鬼化父者，因奸致訟。子孫刑害剋沖旺世者，因酒色致病。世衰者，因酒色亡身。加龍為酒，加武為色。子動化鬼剋世，更與文書同發者，必因酒色致訟也。父兄加劫殺動，剋身世者，防失脫。

又父動剋者，遇雨。兄動剋者，遭風也。《艮》宮寅鬼動者，出行避虎豹也。《震》宮蛇鬼動者，途中防光棍也。《坎》宮木鬼加虎動者，防舟傾也。《坤》宮馬居龍福動者，道路安也。

又父母為行李，旺多，衰少。父化財，化空，化刑害剋破者，行李失也。父化兄，與人合鋪蓋。兄化財，與人合借資本也。

四、圖謀

世身旺相，臨龍喜財福者，滿載而歸。臨官貴祿馬者，簪組[1]榮歸。財福旺動，生身合世者，得意而歸。卦無鬼，與鬼空墓絕胎者，到彼謀幹不成。身世隨鬼入墓者，旺則災禍稽遲，衰則命傾他境也。

注釋

①簪組（zān zǔ）：借指官宦。

舟行占

遊南子曰：「凡舟行者，先問起行之果否，次觀舟具之完虧，再詳舟子之賢奸，更考風色之順逆，後察舟居之安否，與夫財利之旺衰，此其大凡也」。

鬼谷分爻	
六爻	梢棚
五爻	夾節
四爻	火倉
三爻	中倉
二爻	頭倉
初爻	船頭

一、行否

自占看世，代占看用。

世爻、用爻持鬼、伏鬼、化鬼，空墓絕胎，或卦無財，或無卦身，或得歸魂卦，世逢靜者，俱去不成也。

又本宮內卦五屬剋世，家人留也。本宮外卦五屬剋世，外親留也。詳見《身命占‧六親》中。他宮內卦五屬剋世，鄰里留。他宮外卦五屬剋世，遠方人留。

帶貴人、祿馬，仕宦留。帶青龍、德喜，慶賀事留。帶白虎、喪、弔，凶喪事留。帶朱雀、官符，訟事留。帶勾陳、病符，因疾病留。世身加馬動者，即行。動逢合者，沖日方行。

又父母為舟，父母動，船即行。卦無父母，必無船也。

二、舟具

六親以父為船蓬，又為簑笠。子為水底，鬼為檣舵，兄為篙子，財為裝載。

六神以龍為船舵，為左。虎為檣帆銈①鏈，為右。勾為平基跳板，為中倉。騰蛇為索纜，朱雀為煙灶，為船頭。玄武為橈頭、擋浪，為後梢。

以上旺新衰舊，沖則破，空則無。如被刑害剋，及持鬼、伏鬼、化鬼者，此物必損，此處必漏也。

水鬼動者漏，火鬼動者燥裂，金鬼動者釘眼漏，土鬼動者灰縫損，木鬼動者有縫。

木父空，無舟。木父受沖，舟漏。木父受剋，舟難行。木父旺動，舟行順利。

卦無水者，舟湊淺。卦無火者，舟不粉飾。蛇鬼加木暗動，舟有魘魅。惟六爻皆吉，不傷身世者，為安利也。

注釋

①鮭（jī）：金圭。

三、舟子

世為船主，應為船梢。俱忌空破，死墓絕胎。應生合世，舟人善周旋。應沖剋刑害世，舟人多忤逆侵侮。應旺相，有力多能。應休空剋破，無才懦弱，或非慣熟，或有不測災來。加雀鬼，口多詈罵。加虎鬼，恃才多爭。加勾鬼，愚癡無禮。加蛇鬼兄，狡猾誆詐。加武鬼，明偷暗竊。應屬陰財，加咸池合世者，梢婦私通也。

四、風色

以兄弟、日辰為用。如兄並日動，生合世者，必順風相送。兄並日動，刑沖剋害世者，必狂飆驟發。更加木動，舟必覆也。如兄生合世，而日來沖傷世者，乃橫順之風，猶可行也。兄沖傷世，而日來生合世者，乃橫逆之風，不可行也。
兄弟空破、墓胎死絕，與水木二爻俱靜，或鬼休囚，而無白浪、風波、浴盆、浮沉殺動者，俱風息浪平也。

五、舟居安否

父母為舟，世為船主。
父旺，而逢日辰動變來生合者，安也。父逢空墓絕胎，又被刑害剋破者，不惟險阻，反有災禍也。世臨貴馬龍德喜，合財福者，安也。
四墓帶虎鬼大殺，持世、傷世者，病也。若臨應上，動來剋世，或世動去生合應爻、兇殺者，必舟中傳染之病。
兄弟動剋，同伴相欺。福德動合，酒食豐美。官鬼動，舟人咭咶①。
水官剋世，防風浪。火官剋世，防火災。土官剋世，防湊淺。金官剋世，防石碰㊀。木官剋世，防舟碰㊁。
《坎》宮木虎動，與《巽》宮木兄動，防舟覆。卦陽包陰者安，陰包陽者危。

內外逢《艮》卦者危。

白浪殺動者，虛驚。風波殺動者，風浪。覆舟殺動者，覆船。浴㊂盆、浮沉殺動者，失水。折傷殺動者，跌蹼也。

注釋

①咭咶（jī huài）：絮叨，嘮叨。

校勘記：

㊁「碰」，原本作「硼」，疑誤，據其文意改作。

㊂「浴」，原本作「沐」，疑誤，據其文意改作。

六、財利

子孫乃生財之神。若持世、生合世者，得利。旺財持世、生合世者，利多。財旺動，裝載多。財臨空死墓絕，或化空死墓絕，或被刑害剋破，俱主失財。財伏兄鬼下，或化兄鬼，俱主損失。財化水兄、水鬼，在《乾》宮，防上濕。

在《坤》宮，防下漏。財臨水動亦然。

財空，資本失。父空，行李失。福空，小廝失。兄空，同伴失。鬼空動，遇拐子。若武加劫刃、天賊、天盜動，來刑害剋破世身者，舟行防盜賊。得子孫旺動，則有人解救也。

如外卦他宮財動，生合世身，或動爻化財，生合世身者，俱主得意外之物。旺相多，囚死少。以五行定其何物，以八卦定其何方，以六親定其何人也。

若財爻動剋世身，或財化鬼，鬼化財，來刑傷身世，俱主以貪財受禍也。

謀望占

游南子曰：「凡人欲為而不敢遽為，則有謀。欲得而不可必得，則有望。故始焉，占其可否。既可矣，占其成敗。既成矣，占其遲速。此大都①也」。

鬼谷分爻	
六爻	國事
五爻	官事
四爻	人事
三爻	家事
二爻	身事
初爻	心事

注釋

①大都：大概，大抵。

一、可否成敗

以世應為主。

內卦為謀事之人。內剋外，世剋應，外應生內世者。內外、世應俱旺相、比和者。事可圖，圖亦易就。月日合世應，心雖不欲，亦得允成。間動鬼動，生合世應，得人勸成。

謀官，逢官旺，生合世身，而子衰靜者，成。

謀財，逢財旺，生合世身，而兄衰靜者，成。

謀文書，逢父旺，生合世身，而財衰靜者，成。

凡事皆嫌兄動，若並貴祿生世，又為吹嘘之人。凡事皆喜福動，求名則忌之。

此可謀而成之占也。

若內外、世應、身爻，逢空死墓絕胎，被刑害剋破者。或卦六沖者，或世應俱動者，或外剋內，應剋世者。或鬼兄臨間爻，帶隔神、退神、退悔殺動者。俱不可謀，謀亦不成。

又合中犯刑害剋破者，事多恩中變怨，成而後毀。雖是已事，亦被旁人阻隔。

又用神不上卦者，如求官無官爻，或官爻空絕。求財，求文書，無財、印爻，或財、印爻空絕。俱謀不成也。

又凡卦中無官，與官逢空絕者，諸事不成。

故經曰：「卦中無鬼休謀事，父動終當費力成也」。

此不可謀，而難成之占也。

然有宜公而不宜私者，內外純陽，用爻旺相出現也。有宜私而不宜公者，內外純陰，用爻休囚伏藏也。

內生外，世生應，我去求人也。外生內，應生世，人來就我也。

主卦沖而變卦合，動剋世而變生世，先難後易也。主卦合而變卦沖，動合世而變刑世，先易後難也。

欲知事成敗於何人，則以六親定之。本宮內卦，至親也。本宮外卦，遠親也。他宮內卦，鄰里也。他宮外卦，遠方人也。鬼加貴，縉紳也。否則，牙人、保人、媒人也。欲知何方人，以八卦定之。

又有託人圖事者，外人看應爻，家親看用爻。凡應爻、用爻犯日破、月破、旬空者，皆主無能贊襄①，空死墓絕胎亦然。若生旺，化空死墓絕胎，必有始無終。沖剋刑害世者，必懷欺難託。六沖之卦，終成反目。

虎動者損害，蛇動者心變，勾動者愚鈍，武動者詐欺，雀旺空動者，多誑㊀語。

惟旺相，帶龍喜、成神，動來生合世身者，則賴其扶持以成事也。又有託貴人圖事者，但官貴受刑害剋破，不可告貴人事，緣貴人自受剋制，不能成就我也。如官貴刑沖剋害身世爻者，求情雖蒙許諾，後被別人攙越②，有始無終，反有所費也。

《畢法賦》曰：「凡晝占得夜貴，曰脫氣，凡事被貴人掇賺③也」。此謀望可否、成敗之附占也。

注釋

①贊襄（xiāng）：輔助，協助。

②攙（chān）越：越出本分。如越職、越權等。

③掇賺：哄騙。

校勘記：

㈠「誑」，原本作「往」，疑誤，據其文意改作。

二、遲速

以用爻為主。動速靜遲。

旺相出現速，囚死伏藏遲。陽變陰速，陰變陽遲。動臨《震》、《巽》速，動臨《坎》、《艮》遲。用臨卯酉速，卯酉為日月之門戶。用臨辰戌遲。辰戌為天羅地網，又為天涯海角。初二爻動速，三四爻動猶豫遲疑。五動遲，六動更遲。用臨太歲，不出一年。用臨月將，不出一月。用臨日辰，則本日。臨時建，則本時也。

《尹逢頭斷法》曰：「用旺還須墓日定，用休生旺日當成，用伏但看用值日，動逢合住待沖辰」。

求財占

遊南子曰：「占求財者，占其求之有無，占其得之難易，占其數之多寡。與夫得於何人，得為何財，得於何日而已。若乃吹噓成就，全藉乎人，亦不可以不占也」。

鬼谷分爻	
六爻	店舍
五爻	道路
四爻	車馬
三爻	行李
二爻	伴侶
初爻	己身

一、有無

得六合者有，六沖者無。外生內，應生世者有。內剋外，世剋應者無。內外、世應比和、旺相，不空破者有。

卦本無財，而月日是財，來生合世。或世下伏財，得日辰並起。或應動化財，生合世。或子孫旺相，兄動生之者。或日辰、世、應三合財局者。或應財衰，而臨日建長生者。皆有財也。

應爻與財爻值空破。或財動化鬼，化空破絕。或財動，去合應爻、兄爻、旁爻。或身剋動財者。皆無財也。

財旺子空絕者，一得難再也。

二、難易

財旺臨身世，財旺動生合剋身世，與子化財生合身世者，易也。

鬼化財生合世，從空而得也。鬼化子生合身，鬼送財來也。

父化財生合世，先難後獲也。父旺財衰者，力多財少也。父衰財旺者，力少財多也。
兄化財生合身，費口舌而得也。
子化財㊀生合身，兩處得財也。
財動復化財，則化去而難得也。
財動生合世，復化兄弟者，非得而復失，則與人分析也。財合逢沖者，成而後變也。財旺動生合世，或被月日、動爻、變爻沖刑剋害者，求難而得薄也。財逢衝破，而世遇生扶者，身安財散也。
世逢虎鬼大殺，又或持墓化墓，而財爻生旺，得月日動爻合住者，財存人亡也。世遇虎鬼、刃劫動來剋傷，而財又空絕破者，人財兩失也。

校勘記：

㊀「財」，原本作「子」，疑誤，據上文體例及文意改作。

三、多少

意其多者，取財爻之納甲。以甲己子午九，乙庚丑未八，丙辛寅申七，丁壬卯酉六，戊癸辰戌五，巳亥常加四之數，加減之。如卦有二財，世下伏財，變爻是財，四直又是財，卦宮又是財者，並取納甲積算。旺相加倍，休如數，囚死減半。以定其數。意其少者，取財爻之支神。以一水、二火、三木、四金、五土之數，隨旺衰增損之是也。

四、得於何人

內卦本宮六親，化財生合世者。陽官，祖也。陰官，祖妣也。陽父，父也。陰父，母也。陽兄，伯叔與兄弟也。陰兄，姆嬸與姊妹也。《黃金策》降伯叔與兄弟同位。陽子男，陰子女。陽財妻，陰財妾也。

虎易按：「陽兄，伯叔與兄弟也。陰兄，姆嬸與姊妹也」。其注為：「《黃金策》降伯叔與兄弟同位」，大約是為解說以上內容，而尋找的依據。查《黃金策》，並無此類論述。讀者可參閱本書《身命占・六親》的相關內容。

外卦本宮六親，化財生合身者。

陽官，外祖也。陰官，外祖母也。陽父，岳父。陰母，岳母也。陽兄，母舅、表伯叔、表兄弟也。陰兄，舅母、母姨、表姐妹也。陽子，女婿、表侄、外甥。陰子，表侄女、甥女也。陽財，表嫂。陰財，表弟婦、及表兄弟之妾也。在內卦他宮者，鄰里之財也。在外卦他宮者，遠方人之財也。臨父，尊長也。臨鬼，仕宦、牙人、軍卒也。臨兄，朋友也。臨子，僧道、醫士、捕人也。臨財，陰人也。

財屬子：婦人、姬妾之財。

屬丑：貴人、尊人之財。

屬寅：公門、貴客、道路之財。

屬卯：士夫、術士、沙門、商賈之財。

屬辰：二千石①，或魚鹽與惡人之財。

屬巳：婦人、窯灶之財。

屬午：使臣、亭長、官妃，或神僧、騷人、墨客之財。

屬未：貴人、老者、女親之財。

屬申：兵卒、僧醫、行人、市賈之財。

屬酉：婦女、婢妾、陰貴、賣酒人之財。

屬戌：朝士、善人、獄吏②、役隸③、僕從之財。
屬亥：小兒、牙人、盜賊之財。
財入《乾》：君父、名宦、尊長、公門人之財。
入《坤》：母后、老婦、農夫、大腹人之財。
入《震》：長男、武人、商客、有聲名人之財。
入《巽》：長女、命婦、秀士、山林、僧道、匠人、寡發人之財。
入《坎》：中男、蠻夷、盜賊、舟子、江湖人之財。
入《離》：中女、文士、介胄④人、目疾、大腹、火性人之財。
入《艮》：少男、道士、地師、法術、山人之財。
入《兌》：少婦、歌妓、姬妾、伶人、譯使、巫師之財也。

注釋

①二千石(dàn)：漢制，郡守俸祿為二千石，即月俸百二十斛。世因稱郡守為「二千石」。
②獄吏（yù lì）：(1). 舊時掌管訟案、刑獄的官吏。(2). 舊時管理監獄的小吏。
③役隸（yì lì）：服賤役的人。
④介胄（zhòu）：鎧甲和頭盔。介胄人：指武士。

五、得何財

財入《乾》：金玉、珠寶、首飾、騾馬之財。
入《坤》：田土、布帛、絲綿、五穀、牛畜之財。
入《震》：竹木、茶果之財。
入《巽》：山林、蔬圃、花園之財。
入《坎》：池沼、魚鹽、酒醋、豕畜之財。
入《離》：窯灶、爐冶、書吏之財。
入《艮》：墳、石山、徑路之財。
入《兌》：姬妾、婢女、缸甕、羊畜、五金之財。
財屬子：池蕩、石灰、布帛、大豆、酒醋、衣飾、珠玉也。
屬丑：田園、墳地㊀、橋樑、珍寶、牛畜也。
屬寅：山林、樹木、柴薪、棺槨、書籍、錢帛也。
屬卯：舟車、竹木、草貨也。
屬辰：田園、墳地、麥地、文書、印信、寶貨、磁器、缸壇、水物也。
屬巳：賞賜、圖畫、磁器、磚瓦、花果、爐冶、管籥①、弓弩也。

屬午：宮室、書籍、字畫、窯灶、馬畜也。
屬未：墳地、酒坊、衣服、緞疋、婚定、藥材、羊畜也。
屬申：田園、池蕩、絹帛、大麥、金銀、紙布、喪具也。
屬酉：金珠、釵釧、爐鼎、刀劍、小麥、五穀也。
屬戌：宅舍、墳地、礦穴、田蠶、碓磨、印信、獄具也。
屬亥：樓臺、倉庫、綢絹、酹酢②、鱗介③、豕畜也。
出《燃犀集》。

注釋

①管籥（yuè）：亦作「筦籥」。管，笙。籥，簫。亦泛指樂器或音樂。
②酹（lèi）：將酒倒在地上，表示祭奠或立誓。酢（zuò）：客人用酒回敬主人。也作「醋」。
③鱗（lín）介：泛指有鱗和介甲的水生動物。

校勘記：

㈠「地」，原本作「池」，疑誤，據其文意改作。

六、何日得

旺相生合世身之財，六合日得也。財多太旺者，墓日得也。死絕之財，生旺日得。空墓之財，逢沖日得。福旺無財者，財值之日得也。

七、仗託吹噓①

間爻死絕，被刑害剋破者，中保無能。生合世者，善成全。刑害剋破世者，多欺騙。加兄鬼、玄武沖傷者，奸宄阻隔也。加貴祿生合者，貴人主張也。應剋間者，彼生疑。世傷間者，我懷怨。間兩兄動者，爭為中。雀兄旁動，傷世剋間者，有人破。間爻空者，無中保也。

注釋

①仗託吹噓：依靠他人吹捧，依仗某人誇張的宣揚。

八、附斷例

己丑年、丙子月、丁卯日，占求財？得《睽》之《歸妹》：

此卦六爻無財，只本宮丙子財，伏未土下，受害受剋。兼以卯日刑之，故必被人阻隔，而不可求。所賴月建並起財爻，果至丙子日得也。

《易隱》卦例：占 039						
時間：己丑年　丙子月　丁卯日（旬空：戌亥）						
占事：占求財？						
		艮宮：火澤睽			兌宮：雷澤歸妹（歸魂）	
六神	**伏神**	**本　　卦**			**變　　卦**	
青龍		父母己巳火 ▅▅▅		○→	兄弟庚戌土 ▅ ▅	應
玄武	妻財丙子水	兄弟己未土 ▅ ▅			子孫庚申金 ▅ ▅	
白虎		子孫己酉金 ▅▅▅	世		父母庚午火 ▅▅▅	
騰蛇		兄弟丁丑土 ▅ ▅			兄弟丁丑土 ▅ ▅	世
勾陳		官鬼丁卯木 ▅▅▅			官鬼丁卯木 ▅▅▅	
朱雀		父母丁巳火 ▅▅▅	應		父母丁巳火 ▅▅▅	

庚寅年、己卯月、甲申旬、丁亥日，卜求財？得《謙》之《小過》：

六爻無財，只本宮卯財，伏午火官鬼下，名為耗鬼。豈知午火旬空，透出卯財，況投長生於亥日。後至辛卯日，財值日辰，果得財也。

《易隱》卦例：占 040

時間：庚寅年　己卯月　丁亥日（旬空：午未）

占事：卜求財？

		兌宮：地山謙				兌宮：雷山小過（遊魂）		
六神	**伏神**	**本　　卦**				**變　　卦**		
青龍		兄弟癸酉金	▅▅　▅▅			父母庚戌土	▅▅　▅▅	
玄武		子孫癸亥水	▅▅　▅▅	世		兄弟庚申金	▅▅　▅▅	
白虎		父母癸丑土	▅▅　▅▅		╳→	官鬼庚午火	▅▅▅▅▅	世
騰蛇		兄弟丙申金	▅▅▅▅▅			兄弟丙申金	▅▅▅▅▅	
勾陳	妻財丁卯木	官鬼丙午火	▅▅　▅▅	應		官鬼丙午火	▅▅　▅▅	
朱雀		父母丙辰土	▅▅　▅▅			父母丙辰土	▅▅　▅▅	應

庚寅年、庚辰月、壬申日，卜求財？得《屯》卦安靜：

六爻無財，惟本宮午火財，伏辰官下，飛來耗財。又辰午皆為匿刑，此必不義之財。為小人欺騙，而不得也。

《易隱》卦例：占041				
時間：庚寅年　庚辰月　壬申日（旬空：戌亥）				
占事：卜求財？				
		坎宮：水雷屯		
六神	**伏　神**	**本　　　卦**		
白虎		兄弟戊子水	▅▅　▅▅	
騰蛇		官鬼戊戌土	▅▅▅▅▅	應
勾陳		父母戊申金	▅▅　▅▅	
朱雀	妻財戊午火	官鬼庚辰土	▅▅　▅▅	
青龍		子孫庚寅木	▅▅　▅▅	世
玄武		兄弟庚子水	▅▅▅▅▅	

庚寅年、己卯月、丁酉日，占求財？得《臨》之《中孚》：

亥財動來生合世，只因化絕在巳，雖有酉日，不能生絕水，故當日不得。直待㊀戊申，財爻絕處逢生，方入手也。絕惟寅申己亥能生。

虎易按：此卦為「丁酉日」占，其述「次日戊申，財爻絕處逢生」，而次日應該是「戊戌」日，「戊申」應該是十天以後了。此處記錄明顯有誤，據其文意改作「直待」二字。供讀者參考。此例注釋「絕惟寅申巳亥能生」，寅申己亥為五行長生之時，此處指卦爻化絕，只有當其臨長生之日，才可以得生。

《易隱》卦例：占 042

時間：庚寅年　己卯月　丁酉日（旬空：辰巳）

占事：占求財？

	坤宮：地澤臨				艮宮：風澤中孚（遊魂）		
六神	本　卦				變　卦		
青龍	子孫癸酉金	▅▅　▅▅		╳→	官鬼辛卯木	▅▅▅▅▅	
玄武	妻財癸亥水	▅▅　▅▅	應	╳→	父母辛巳火	▅▅▅▅▅	
白虎	兄弟癸丑土	▅▅　▅▅			兄弟辛未土	▅▅　▅▅	世
騰蛇	兄弟丁丑土	▅▅　▅▅			兄弟丁丑土	▅▅　▅▅	
勾陳	官鬼丁卯木	▅▅▅▅▅	世		官鬼丁卯木	▅▅▅▅▅	
朱雀	父母丁巳火	▅▅▅▅▅			父母丁巳火	▅▅▅▅▅	應

庚寅年、辛巳月、丙戌日，占求財？得《隨》之《屯》：

此卦辰財持世，戌日沖之。未財持應，化丑沖之。此為四財自相沖脫。又財絕於月建巳中，不可云世應是財求易得，日建世應比和吉也。後果求之不得。

虎易按：「此卦辰財持世，戌日沖之」。其戌日沖世，當為暗動。「未財持應，化丑沖之」，卦中應爻未土，是化子水，此描述明顯有誤。「又財絕於月建巳中」，財爻衰弱被剋，遇巳則論絕。財爻旺相，遇巳論長生，不可論絕。至於結果，則更不必論了，提請讀者注意分辨。

《易隱》卦例：占 043

時間：庚寅年　辛巳月　丙戌日（旬空：午未）

占事：占求財？

	震宮：澤雷隨（歸魂）				坎宮：水雷屯		
六神	**本　卦**				**變　卦**		
青龍	妻財丁未土	▅▅　▅▅	應		父母戊子水	▅▅　▅▅	
玄武	官鬼丁酉金	▅▅▅▅▅			妻財戊戌土	▅▅▅▅▅	應
白虎	父母丁亥水	▅▅▅▅▅		○→	官鬼戊申金	▅▅　▅▅	
騰蛇	妻財庚辰土	▅▅　▅▅	世		妻財庚辰土	▅▅　▅▅	
勾陳	兄弟庚寅木	▅▅　▅▅			兄弟庚寅木	▅▅　▅▅	世
朱雀	父母庚子水	▅▅▅▅▅			父母庚子水	▅▅▅▅▅	

庚寅年、丙㊁戌月、癸亥日，問月內何日得財？遇《渙》卦安靜：

六爻無財，惟本宮酉財，伏未土下受生，終必得財。但嫌用爻不透，直待癸酉日得。

若問本日何時得財，則于辛㊂酉時得也。

庚寅年、己丑月、甲午旬、癸卯日，占求財？得《噬嗑》安靜：

此卦辰財旬空，未財月破。喜本宮丑財，正值月建，又伏子水下，伏剋飛神為出暴。又土旺於子，稍嫌卯日剋丑。故當日未得。次日甲辰，寅卯兄弟又空，內財幫比，而得也。

校勘記：

㊀「直待」，原本作「次日」，次日應為「戊戌」日，戊申應該在十一天以後，疑誤。據其行文體例改作。

㊁「丙」，原本作「甲」，疑誤，據年上起月法改作。

㊂「辛」，原本作「己」，疑誤，據日上起時法改作。

《易隱》卦例：占 044

時間：庚寅年　丙戌月　癸亥日（旬空：子丑）

占事：問月內何日得財？

離宮：風水渙

六神	伏神	本卦		
白虎		父母辛卯木	━━━	
騰蛇		兄弟辛巳火	━━━	世
勾陳	妻財己酉金	子孫辛未土	━ ━	
朱雀	官鬼己亥水	兄弟戊午火	━ ━	
青龍		子孫戊辰土	━━━	應
玄武		父母戊寅木	━ ━	

《易隱》卦例：占 045

時間：庚寅年　己丑月　癸卯日（旬空：辰巳）

占事：占求財？

巽宮：火雷噬嗑

六神	伏神	本卦		
白虎		子孫己巳火	━━━	
騰蛇		妻財己未土	━ ━	世
勾陳		官鬼己酉金	━━━	
朱雀		妻財庚辰土	━ ━	
青龍		兄弟庚寅木	━ ━	應
玄武	妻財辛丑土	父母庚子水	━━━	

空手求財占

凡百工九流之人，與任所抽豐①之客，皆空拳求利者，但以官鬼為主。官爻旺動，生合身世者吉。財爻旺動，助鬼生合身世者，尤吉也。子旺動傷官。或兄持世動，與兄弟獨發者。或官動，刑害剋破世身者。或官爻、財爻，逢空破死墓絕胎，與化空破死墓絕胎者，少利也。問往何方可求，則世爻所剋是財方也。世爻生旺之方利，死墓絕胎，刑害剋破之方凶也。

注釋

①抽豐：亦作「抽風」。舊時利用各種關係和藉口，向人索取財物。

一、借貸求財者

但財爻持世，生合世，不空破絕者，財生、財合之日有也。應生合世，而兄靜財伏者。或財伏而兄子兩動者，皆財值之日有也。

父空者無券，父化父者改契。世應空合者，虛約難憑。應被刑傷者，往求不值。應生合世，而財空絕，彼欲與而囊空。財生合世，而應沖剋世，彼雖與而意拂①。財動生世，而日辰合財者，有人把住而稽遲。應動合世，而日辰沖應者，有人說破而不果也。

注釋

①拂（fú）：違逆，乖戾。

二、糾會①求財者

但財爻、應爻生合世者，易成。財爻空破死絕，應持空破絕，或動來刑害剋沖世者，不成。

應空者，彼卻②我。世空者，我意倦。應空合世者，虛諾。世空動者，有名而無實，或財難入手。世應俱空者，必不成。

應生合世，帶退悔殺動，或動化退神者，初允而終卻也。財生合世，而帶破碎殺動者，零星陸續交財也。應爻財化財來生合，一人兩腳③也。應持兄動，化財來生合，兩人合腳也。卦六合成，六沖不成也。

注釋

①糾會：合會。舊時民間一種信用互助方式。由發起者糾集多人，約定按時每人每次出錢若干，輪流由一人總得。首次由發起者先得，以下依不同方式決定得錢次序。亦有地痞棍徒利用這一形式聚斂剝削的。

②卻（què）：退。

③一人兩腳：指一個人承擔兩份。後面的「兩人合腳」，指兩個人合起來承擔一份。

三、搖會①求財者

財旺動助官，生合世者，得。兄持世動，與兄弟獨發，或卦無財鬼，或世爻、財爻值空破死絕，與受刑害剋者，失也。六合得，而六沖失也。

財爻生財合世而兄剋財，已得而復失也。財合應，而應生世，彼得而讓我也。財生世，復生應者，世衰傷則人得，應衰傷則我得。世應俱旺，兩人分得也。

注釋

①搖會：民間的一種信用互助方式。一般由發起人（稱「會頭」）邀請親友若干人（稱「會腳」）參加，約定每月、每季或每年舉會一次。每次各繳一定數量的會款，輪流交由一人使用，藉以互助。會頭先收第一次會款，以後按搖骰方式，決定會腳收款次序，直到參加者輪完為止。

四、賭博求財者

內剋外，世剋應，或財子旺持生合世者，勝也。旺世剋衰應者，小勝。旺應生衰世者，大勝也。

外剋內，應剋世，或財鬼兩無，或世逢空破墓絕者，輸也。

世空動者，缺管頭。應空者，無對手。

世應比和，兩無勝負。世應俱空，兩無所得。

世子化父，以驕取敗。世子化兄，得助而贏。
世居陰卦陰爻，宜退守也。世人陽爻陽卦，宜爭先也。
內外兩鬼動傷世者，彼此合局來騙也。
間爻動者，多撞來。間兄動者，抽頭多。
應帶龍喜生世，得人提拔。
應加虎刃剋世，與人鬥毆。
應加玄兄傷世，被人局騙，或輸籌籌碼。
應加勾鬼傷世，主牽連不明白也。
應加蛇火鬼傷世，被藥骰騙也。
應加雀兄傷世，因財爭鬥也。
應加雀兄動，化鬼傷世，同伴出首。
旁爻雀兄動，化鬼傷世，他人出首。
世持雀鬼化父，或雀父化鬼者，皆因賭成訟。若加太歲，訟必經年也。

五、捕魚求財者

內卦世爻為人，外卦應爻為物。

內世剋外應，財鬼旺動生合世，鬼化財剋世，水財旺持世，生合身世，鬼臨天罡殺動者，多獲也。

外應剋內世，財鬼空無破剋，財化鬼空破絕，俱無得也。

世持兄動，與兄弟獨發，難得也。兄動剋世，同伴欺也。

又世為船，應為人。

船合人，出遊順便。人合船，得利無算。日剋世，世剋財，徒勞空返。日合世，世合財，滿載而回也。

又火財，鱉蟹、龜蚌、赤鯉也。

土財，鰻、鱔、鰍及黃鱨①也。

水財，鰋鱧②、江豚也。

木財，青魚也。

金財，白鰷、白鰱、石首也。

又《演禽法》：癸亥為魚。

但看何爻旺動，來生合世，不犯空破死墓絕胎，刑害剋者，即知所獲，多此類也。

白浪殺動，有虛驚也。風波殺動，多風浪也。覆舟殺動，防覆船也。浴㊀盆、浮沉殺動，防失水也。

《管公口訣》曰：「初爻船主，二爻伴侶，三爻行李、雨具，四爻網罟③，五爻道路，六爻漁所。逢空破者不吉也」。

注釋

①鱨（Cháng）：古書上說的黃鱨魚。

②鰋鱧（yǎnlǐ）：鰋，又名鯰（nián）魚。鱧，指鱧魚。又名黑魚、烏鱧、銅魚，俗稱「烏魚」。

③網罟（gǔ）：捕魚及捕鳥獸的工具。

校勘記：

㊀「浴」，原本作「沐」，疑誤，據神殺名稱改作。

六、畋獵求財者

金財旺動生合世，世臨天罡殺動，與臨虎殺動，剋旺財者，獲也。世臨虎殺動，而財逢空破絕者，無也。

月日動來刑者，金財合世者，利也。財旺而虎殺不動者，鷹犬倦也。刑刃、虎殺動，來沖傷身世者，防狐狸之害也。

《管公口訣》曰：「木財，鹿也。水財，麂也。金財，虎也。火財，豹也。土財，狐狸野物也。子財，黃鼠也。卯財，兔也。未財，山羊也。申財，猴也。戌財，獾狗也。亥財，野豕也」。

又《演禽法》：「丁亥為豕，丁酉為雞，己酉為雉，癸酉為鴉，戊午為獐，壬午為鹿，丙寅為虎，壬寅為豹，戊寅為貓」。

凡遇財物動來生合世者，即知得此物也。

其餘內外、世應，生合剋沖，皆與捕魚同斷也。

七、開礦探珠淘金取藏求財者

但取伏下金財。

生合世，又得土動生之者，吉也。

伏財旺相者多，休囚者少，空絕者無也。財入胎墓，難取探也。財逢衝動，不一處也。

又世為己，應為所用工匠也。

世逢生旺，持財福者吉。逢空死墓絕胎，被刑害剋破者凶。應生合世者，得其力。刑害剋破世者，被其欺也。應持財子，有力而能。應持兄鬼，無才而詐。

應臨父母，則為衆匠之班頭也。

應加雀，多言招詘①。勾則拙鈍，虎則剛狠，龍則精巧，蛇則虛浮，武防偷取也。

注釋

①詘（qū）：言語鈍拙。

八、索債求財者

外生內，應生世，與內外世應比和者，還。外剋內，應剋沖刑害世者，不還。應生合世而無財，欲還而力不逮㊀。應沖傷世而財旺，能還而心不肯。應持兄鬼動傷世，口甜而心歹。應持兄動，而財逢空破絕者，被其騙也。

應空者，非貧之，則逃躲也。應入墓胎者，人不見也。財化空破絕者，全無也。財動助應鬼，傷身世者，假虎圖賴也。鬼動化財者，告狀乃還也。世持財子旺相，而兄衰靜者，子母俱全也。應持兄鬼安靜不傷世，或持勾父不傷世者，不過遲延而已。

《蜀市日記》曰：「凡世下伏財者，彼先有物，欲抵此債。以八卦與十二支神，推其何物也」。

如庚寅年、辛巳月、丙午日，卜得《小畜》卦：世下伏辛丑土為財。《巽》為長女，為雞，為竹

《易隱》卦例：教 037

時間：庚寅年　辛巳月　丙午日（日空：寅卯）

巽宮：風天小畜

六神	伏神	本卦		
青龍		兄弟辛卯木	━━━	
玄武		子孫辛巳火	━━━	
白虎		妻財辛未土	━　━	應
騰蛇	官鬼辛酉金	妻財甲辰土	━━━	
勾陳	父母辛亥水	兄弟甲寅木	━━━	
朱雀	妻財辛丑土	父母甲子水	━━━	世

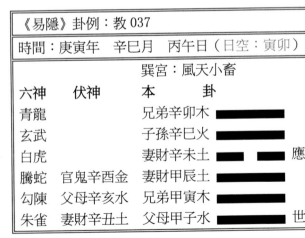

木器，為花果菜園。丑為牛，為墳地，菜圃。隨本利之多少斷之，知他欲賣何物來償債也。

若財在《乾》，則為馬、金銀、杯盤、鏡、冠、玉環、珠也。

財在《兌》，則為羊、少女，五金器、缸壇、有口物也。

財在《離》，則為中女、羅緞、絲綿、書畫、簾屏、盤盒、赤色中虛之物也。

財在《震》，則為長男、鼓、竹木、茶筍也。

財在《坎》，則為次男、池塘、酒醋、魚、鹽、豕、有核物也。

財在《艮》，則為少男、狗、山石、磁器、瓜果、土中物也。

財在《坤》，則為牛、牝馬、田土、五穀、布帛、釜也。

財屬子：池蕩、大豆、衣飾、珠玉也。

財屬丑：園、墳地、橋樑、珍寶、牛畜也㈡。

財屬寅：山林、樹木、棺、貓也。

財屬卯：草木、竹、舟車、盤盒也。

財屬辰：缸甕、碓碾、磁器、墳地、田園也。

財屬巳：花果、書畫、磚瓦、磁器也。

財屬午：馬、書畫、甑、衣架也。

財屬未：山爿、羊、女衣也。
財屬申：刀劍、五金器、大麥、碓、猿也。
財屬酉：雞、酒、小麥、金銀、釵釧、五金物也。
財屬戌：墳地、穴坑、磚瓦、碓磨、舊衣、狗也。
財屬亥：豬、傘、笠、筆墨、髮、醬酢、盛水物也。
出《六壬金口訣》。

虎易按：「凡世下伏財者，彼先有物，欲抵此債。以八卦與十二支神，推其何物也」。其後的內容，作者忽略了，此節內容是索債，難道遇財屬《兌》，索少女？財屬戌，索穴坑嗎？讀者可參考其內容，但一定要注意和客觀的現實去對應。供讀者參考。

校勘記：

㈠「逮」，原本作「建」，疑誤，據其文意改作。

㈡「財屬丑：園、墳地、橋樑、珍寶、牛畜也」，原本脫漏，據《求財占・五、得何財》原文補入。

貿易占

遊南子曰：「凡買賣者，先占時價之貴賤，與後價之旺衰。次考牙行之淑慝，並究脫貨之難易，此其大略也」。

凡分爻生旺，帶財福龍德貴祿，臨扶身世爻，便知吉祥如意也。又看何爻持鬼、伏鬼、化鬼，刑沖剋害身世爻，更看何爻臨空死墓絕胎，受四直動爻沖傷，便知疏虞處也。

鬼谷分爻	
六爻	店舍
五爻	道路
四爻	舟車馬
三爻	行李
二爻	伴侶
初爻	己身

一、買賣

官鬼旺靜，兄弟無氣者，吉也。

冬收夏貨，火財者吉。春收秋貨，金財者吉。秋收春貨，木財者吉。夏收冬貨，水財者吉。收四季所賣之貨，各從辰戌丑未之時者吉也。

旺財生剋世者貴，衰財世剋之者賤。財旺生者貴，財死敗者賤。財值火者價日增，財值水者價日減。

財變兄官，子變父者，先貴後賤。財化子孫，鬼化財者，先賤後貴。內財旺，而外財衰，他鄉賤也。外財旺，而內財衰，後價貴也。正卦有財後卦無，遲買者賤。正卦財旺變財衰，先賣者貴也。

內財空者，可賣。外財空者，難買。外財生合世者，易買。應合內財者，易賣。世臨財墓者，難賣也。

二、牙行

應爻、官爻，旺相生合世者，千金可託也。休空沖傷世者，百貨難依也。

應爻動剋世，與應財化兄者，侵漁不免也。

應財動來生合世，與應財化子，應鬼化財者，作事周旋也。

三、脫貨

以財爻生旺月日，為脫卸之期。應動合財，財動合應者，易脫。應居空破，必無買主。財持勾土，貨必難脫。

財化水，防上漏下濕。財化火，防枯乾回祿。財化木，防黴爛。財化土，防朽腐。財化金加蛇，防生蟲。

財持辰午酉亥自刑，貨惡難脫也。世應相沖，加退悔殺動，或應動合財，化退神者，多中止也。應動合財，被日辰動爻衝破者，有人破也。日合動財者，旁人把持也。鬼動傷世者，牙人撓阻也。卦無官鬼者，買賣不成也。財動生世生應，而官鬼入墓者，待衝開墓日成交也。

四、附斷例

庚寅年、辛巳月、甲辰日，占脫貨？得《需》卦安靜：

申金子孫持世，人皆云吉。豈知四月金空，不能生財。經云：用爻最怕立時空也。本宮亥

《易隱》卦例：占046			
時間：庚寅年　辛巳月　甲辰日（旬空：寅卯）			
占事：占脫貨？			
		坤宮：水天需（遊魂）	
六神	伏　神	本　　卦	
玄武	子孫癸酉金　世	妻財戊子水	▅▅　▅▅
白虎	妻財癸亥水	兄弟戊戌土	▅▅▅▅▅
騰蛇	兄弟癸丑土	子孫戊申金	▅▅　▅▅　世
勾陳	官鬼乙卯木　應	兄弟甲辰土	▅▅▅▅▅
朱雀	父母乙巳火	官鬼甲寅木	▅▅▅▅▅
青龍	兄弟乙未土	妻財甲子水	▅▅▅▅▅　應

財，伏戌㊀土兄下。本宮世應俱持兄弟，日辰又是兄弟，必有對主承買。但因亥財自刑，其貨必背時不佳，買主見貨散去也。蓋兄弟絕于月建巳中，墓於日建辰中。又飛伏辰戌丑未，四位兄弟，自相沖脫，故不買而去也。

虎易按：「豈知四月金空」，是指月令辛巳，屬甲戌旬月，申酉屬空。「本宮世應俱持兄弟」，描述有誤。應該是本卦世應，下伏都是兄弟。供讀者參考。

校勘記：

㊀「戌」，原本作「辰」，疑誤，據其卦理及文意改作。

開店占

遊南子曰：「凡開張店業者，先問可開否。次論本之多少，利之厚薄。合夥之賢否，店面之大小。更看店中之貨物，復推收放之可否。此其大略也」。

管轄分爻	
六爻	財路
五爻	主人
四爻	店屋
三爻	基業
二爻	伴侶
初爻	心事

一、可開否

本宮與世爻、財爻，帶福祿龍喜旺相者。財子持世旺相，不犯刑害剋破者。應財旺動生合世，與四直臨財生合世者。可開也。

本宮與世爻、財爻，逢死墓絕胎，空破刑害者。四直與應爻，臨兄鬼旺動剋世者。不可開也。

若四直皆鬼，則兄弟受制。倘世持旺相，開張安穩無破也。卦六沖者，開不成，成亦不久也。

太歲生合世，逢動爻沖太歲者，開不及年也。月生合世，而動沖月者，開不逾月也。財化子者，宜守舊也。

虎易按：「逢動爻沖太歲者」，「而動沖月者」，此說不當。《卜筮全書卷之八・黃金策上・總斷千金賦》曰：「日傷爻，真罹其禍。爻傷日，徒受其名」。其注釋曰：「日辰能刑沖剋害得卦爻，卦爻則不得刑沖剋害乎日辰也。月建與卦爻亦然」。推之，太歲與卦爻亦然。

作者之所以有如此的論述，大約是以四柱的方式論述的。我以為：四柱論沖太歲，是因為四柱是一定的，而所論的太歲是流轉的，論其流轉值年，則會與四柱的某支相沖。而卦與四柱的方式是不一樣的，起卦時的太歲和日月，都是一定的。因此，論述時，四直可論沖卦爻，卦爻不可論沖四直。個人看法，僅供讀者參考。請讀者注意分辨。

二、本利

卦旺財旺，本多也。卦衰財衰，本少也。財胎墓，本少。財空絕，乏本也。世持旺財，或財持旺雀，或財生庫旺，或財絕逢生，或外財生合內世，或財臨門戶旺動。三爻門，四爻戶。或三傳臨財，動生合世。或財伏世下，財伏子下，生旺。或財動化子、化生、化旺。子動化財、化生、化旺。皆得利也。若財不上卦，或財逢空破死絕，或三傳臨兄劫動，或兄旺動剋世，或父動助兄剋世，或應爻刑害剋破世者。折本也。財伏父下，一半失也。財伏鬼下，多耗失也。財伏兄下，謹口舌也。

三、合夥

應生合世者，益我。應刑沖剋害世者，損我。世生應，內生外，成人之美。世剋應，內剋外，得人之力。世應比和，二人同心。世應六沖，兩情不協。世應六合，兩意相投。應靜逢沖，心多變更。

世空己心疏懶[1]，應空他意懈弛[2]。世應俱空，兩家退悔也。應遭刑害剋破者，多災病也。

應持龍喜，交易和雅也。應臨虎兄，交易刻傲也。蛇兄瑣屑，武兄欺詐，勾兄拙鈍，雀兄多招是非也。

應財伏鬼下，與應財動化兄者，必侵牟也。

遊魂應臨馬動，不守店也。歸魂應臨馬動，常顧家也。

福雀加咸池動，好吹好飲也。應合財，加咸池，有私情也。

《離》宮火應，帶月盲殺，剋金財者，不辨銀色也。

應旺，則勤儉多能。應衰，則薾弱[3]無才也。應合化沖，有始無終也。

卦無兄弟，店無掌管也。兄以旺靜為吉也。

又凡與內外親屬合本者，以用爻為憑也。

注釋

[1]疏懶（shū lǎn）：懶散。鬆懈；懈怠。

②懈弛（xiè chí）：鬆散懈怠。
③薾（ěr）弱：柔弱；薾弱。

四、店面貨物

父母為店，妻財為貨。

父旺靜者，鬧熱平安。財旺動者，貨物流行也。父旺大店，父衰小店。父逢沖，開不久。父遇生合，開張永遠也。

有財無父，有貨無店。有父無財，有店無貨。父旺財衰，店大利微。父衰財旺，店小利厚。卦有兩財，內沖外旺者，本少利多。內旺外沖者，本多利少也。

身世隨官入墓者，徒勞而利歸他人也。

財爻逢沖暗動者，帶龍喜，則暗中得利。帶武劫，則被騙失財也。

官臨財庫動者，非訟即災也。父臨殺刃、亡劫動，或日雀會月雀動者，主招爭訟也。

又寶珠古董雜貨店，以財為用。書紙巾帽衣服店，以父為用。酒肴牲畜店，以子為用。用旺財衰者，貨多利薄也。

又郭雍曰：「開書籍紙貼古㊀董店，財旺而父母受剋者，吉也。開當鋪者，父旺而財受剋者，吉也」。

校勘記：

㊀「古」，原本作「骨」，疑誤，據其文意改作。

五、收放

《管公口訣》曰：「六爻為東西財路，生合世者，可放帳。若臨空破死絕，及動來刑害剋沖世者，主有放無收也」。

寄物占

遊南子曰：「吾之寄物，必託其人之可託，而後以物付之也。然而人情叵測①，睹物懷欺者有之，謾藏誨盜②者有之。安置失所，致物敗壞者有之。是不可以不慎厥始也」。

故卦六合者，可寄。六沖者，不可寄也。月日與動爻，合財、合世應者，可寄。沖財、沖世應者，不可寄也。

財旺靜，與財動化子、化生、化旺者，無失。財衰動，與動化兄鬼，空破絕者，有失也。

財化土者，朽腐。財化木者，黴黷。財化火者，回祿。財化水者，濕漏。財化金者，封識③開拆也。

世應空破者失，世應隨鬼入墓者失，兄鬼動傷應爻者失。應爻動化兄鬼，空破絕者失也。

應爻動者，他心變也。應動助鬼，傷身世財爻者，與人合計劫騙也。

應臨武動者，偷竊。應臨雀動者，口舌。應臨勾動者，牽連。應臨蛇動者，驚恐。應臨虎動者，吞噬。應臨龍動者，善保護也。

注釋

①叵（pǒ）測：不可預料，不可度量，不可推測。（含貶義）

②謾（màn）藏誨（huì）盜：謂收藏東西不謹慎而招致盜賊。

③封識：封緘並加標記。

易隱卷八

明　東粵遊南子　曹九錫　輯
男　橫琴居士　璿　演

疾病占

遊南子曰：「夫人不幸有疾而占之，不可不慎而詳也。然大端有四：占其死生，占其病症，占其醫藥，占其鬼祟而已。若乃病何日起，病何處得，亦疾病之附占也」。

一、用爻

自占，以世爻、身爻、命爻為用。代占，以應爻為用。占家親①、祖妣，用官鬼。父兄妻子，以各屬為用。如五屬不上卦者，則從

鬼谷分爻		
六爻	頭腦	黄泉
五爻	心肺	棺槨
四爻	脾臟	福德
三爻	肝腎	哭聲
二爻	腿股	弔客
初爻	足	喪門

《黃金策》分爻取用。若奴丁占家主，以五爻為用。占主母，以二爻為用也。

注釋

①家親：家族中的長輩。多指父母。此處似指祖父。

二、生死

用爻遇龍福、月解、天醫、天喜，臨持生合者，即愈也。鬼傷用者，子孫生旺臨值之日愈也，子孫生合用爻之日愈也，鬼被刑害剋沖之日愈也。

用入胎墓者，刑沖胎墓之日愈也。用爻死絕者，生用之日愈也。用爻值病者，生旺之日愈也。用爻伏藏而元神旺，忌神衰者，用爻臨值之日愈也。用墓逢空，用絕逢生，用鬼逢剋者，可救也。待鬼衰身旺，世生之日愈也。

用爻逢虎鬼、天刑、飛廉、大殺、三丘、五墓、喪門、弔客、死氣、死符、喪車、浴盆，動持動剋者，必死也。

忌神動者，遇生忌之日死也。忌神靜者，遇忌值之日死也。用爻隨鬼入墓者死，財動助鬼傷用者死。世應雙空者死，財旺用空者死。鬼生命絕者死，鬼動化墓者死。月卦化墓者死，用化墓絕者死，用逢月絕者死，卦身墓於世者死也。《損》卦。

虎易按：「卦身墓於世者死也。《損》卦」。指《損》卦世爻丁丑兄弟，月卦身為丙申子孫，伏藏於世爻下，謂卦身墓於世。供讀者參考。

《易隱》卦例：教038

艮宮：山澤損			
伏神	本卦		
	官鬼丙寅木	▅▅▅▅	應
	妻財丙子水	▅▅ ▅▅	
	兄弟丙戌土	▅▅ ▅▅	
子孫丙申金	兄弟丁丑土	▅▅ ▅▅	世
	官鬼丁卯木	▅▅▅▅	
	父母丁巳火	▅▅▅▅	

本宮外卦墓於內卦者，死也。《遯》《豫》《升》《蠱》《井》《大有》《咸》。世坐本宮墓者，死也。《噬嗑》《蒙》《泰》《歸妹》。世坐鬼墓者，死也。《乾》《豐》《中孚》《升》《家人》《旅》。世坐財墓者，死也。財為祿命，忌刑沖墓絕。《觀》、《解》、《隨》、《益》、《泰》、《兌》卦。卦化墓絕者，死也。《乾》《兌》化《艮》，《坎》《艮》《坤》化《巽》，《離》化《乾》，《震》《巽》化《坤》。用逢月破者死。

虎易按：「本宮外卦墓於內卦者，死也。《遯》、《豫》、《升》、《蠱》、《井》、《大有》、《咸》」。《遯》屬乾宮。外為乾金，內為艮土。艮含丑位，丑為金之墓。《豫》屬震宮。外為震木，內為坤土。坤含未位，未為木之墓。《升》屬震宮。外為坤土，內為巽木。巽含辰位，辰為土之墓。《蠱》屬巽宮。外為艮土，內為巽木。巽含辰位，辰為土之墓。《井》屬震宮。外為坎水，內為巽木。巽含辰位，辰為水之墓。《大有》屬乾宮。外為離火，內為乾金。乾含戌位，戌為火之墓。《咸》屬兌宮。外為兌金，內為艮土。艮含丑位，丑為金之墓。從上述分析，可以看出，《升》《蠱》《井》《大有》四卦，其外卦並非本宮。因此，其描述「本宮外卦墓於內卦者」，或者是「本宮」二字有誤。或者是所列卦例有誤。讀者注意分辨。

「世坐本宮墓者，死也。《噬嗑》、《蒙》、《泰》、《歸妹》」。《噬嗑》為巽宮卦，巽屬木。世爻未土，為木之墓。《蒙》為離宮卦，離屬火。世爻戌土，為火之墓。《泰》為坤宮卦，坤屬土。世爻辰土，為土之墓。《歸妹》為兌宮卦，兌屬金。世爻丑土，為金之墓。

又忌神長生之日死。土用亥日死，木用巳日死，火用申日死，水用巳午日死，金用寅日死。土鬼動者，鬼爻長生之日死。卦六沖者，用爻敗死墓絕之日死。用空無氣者，元神絕，而忌神生之日死。

又用逢空沖者，初病即愈，而久病難痊也。土旺動持剋用者，剋用爻之日死也。

卦有三無救者：無火、無財、無子也。
黄泉殺者：
春則《大畜》、《小畜》、《履》、《井》、《復》也。
夏則《遯》、《睽》、《臨》也。
秋則《明夷》、《蠱》、《旅》也。
冬則《遯》、《既濟》、《明夷》、《歸妹》也。
四滅卦者：春《蒙》，夏《蠱》，秋《剝》，冬《旅》也。
四没卦者：春《需》，夏《觀》，秋《節》，冬《臨》也。
棺槨殺者：《恒》與《益》也。
以上諸卦，占病者死。
又僧一行占病法，從八卦取用也。
父用《乾》，母用《坤》，長男用《震》，次男用《坎》，三男用《艮》，長女用《巽》，次女用《離》，三女用《兑》也。
若用卦不出現者，與代他人占者。
一歲至二十，男用《艮》，女用《兑》也。
二十一歲至四十，男用《坎》，女用《離》也。

四十一歲至六十，男用《震》，女用《巽》也。

六十以上者，男用《乾》，女用《坤》也。

若正卦無用象者，則取伏卦。若主象化死墓絕，化剋破者，皆主死也。

又男忌官鬼長生日得病，女忌官鬼沐浴日得病。若無龍福、月解、天醫，動來生合用爻者，鬼爻墓絕日必死也。

又晁以道曰：「用爻、命爻，不上卦者死。更男忌鬼空，女忌財空。少年卦忌死囚休廢，老人卦忌旺相也」。

三、病症

以官鬼為憑。

如鬼爻持身世、命爻、用爻，或鬼動來刑害剋沖身世、命、用爻者，或官鬼伏於身世、命、用爻下者，或身世、命、用動化官鬼者。各隨五行斷之也。

鬼屬陰，在內卦：

則金為肺，木為肝膽，水為腎子、膀胱，火為心、小腸，土為脾胃、大腸也。

鬼屬陽，在外卦：

則金為四肢、骨節、牙齒、右耳、小便也。木為筋股、左耳也。水為口、嘴、皮、溺、痰涎、血汗也。土為鼻準、腹背、肌肉也。火為目、胸、手心、腳底也。

又辰戌為頂門，丑未為肩背也。

又八卦《乾》為首，《坤》為腹，《震》為足，《巽》為股，《坎》為耳，《離》為目，《艮》為背指，《兌》為口舌也。

又分宮：初爻，足也。二爻，股膝也。三爻，腹、小腹、腰、臀、肛門、小便也。四爻，胸、胃、乳也。五爻，面、項、手。六爻頭腦也㈠。

水為口，火為目，土為鼻，木㈡左耳，金右耳也。

凡遇鬼、伏鬼、化鬼，或鬼動來傷者，必帶疾也。用逢金鬼者，陰則肺腑之疾，陽則骨節疼痛，膿血淋漓也。

又金鬼旺，瀉中帶怯。金鬼衰，血內生膿也。用逢木鬼者，陰則肝膽之疾，陽則四肢瘋氣酸疼，口眼歪斜，頭疼口燥也。

又木動者，陽癢而陰疼。木官旺，瘋中帶熱，木鬼衰，怯上生瘋也。用逢水鬼者，陰則遺精、盜汗，腎竭。女為血枯、經閉。陽則嘔吐、泄瀉也。

又水鬼旺，嘔中帶嗽。水鬼衰，寒泄兼虛也。用逢火鬼者，陰則心目之疾，陽則瘡痍癤毒，虐熱吟呻也。

又火鬼旺，先寒後熱，火鬼衰，先熱後寒也。用逢土鬼者，陰則虛浮氣喘，水蠱脾泄，陽則瘟疫時氣也。

又辰鬼，則咽喉腫塞。戌鬼，則腹痛胃傷。丑鬼，則氣促痿痺。未鬼則翻胃、噎膈、癆嗽也。

水鬼化火，火鬼化水者，往來寒熱也。內鬼沖外，外鬼沖內者，內外感傷也。

鬼內動，下元之症。鬼外動，上焦之症。世鬼出現，陽症。世鬼伏藏，陰症。

陰鬼化陽，陰症變陽。陽鬼化陰，陽症變陰。

鬼屬陰者，日輕夜重。鬼屬陽者，日重夜輕。外鬼旺而內鬼衰，先輕後重。動爻剋而變爻生，先重後輕。

遊魂鬼用，言語恍惚。歸魂鬼用，昏悶不語。鬼伏藏者，病來不覺。鬼化鬼者，膏肓之疾。

又鬼伏鬼，與鬼化鬼者，非變症，則兩病交作也。用下伏鬼，鬼旺復發也。世持子伏鬼者，子旺日病退，鬼旺日病重也。

又鬼生旺日病重，鬼墓胎日病困，鬼死絕日病輕也。元神值日必輕，忌神值日必重也。

又財爻墓絕日，重也。卦六沖亂動者，重也。用持龍福，而被動爻傷者，雖重不死。鬼動傷用，而月日沖鬼者，臨凶得免也。

校勘記：

㈠「六爻頭腦也」，原本在「金右耳也」後，疑誤，依其文意調整至此。

㈡「木」，原本作「水」，疑誤，據其五行和左右方位改作。

四、病因

鬼加龍動：男則酒色過度，或探貴問親，因財而得。女則因喜得疾，逢空，墮胎也。

鬼加雀動：怒氣口舌，或被咒咀得病。在二爻者，灶下咒咀。在三爻者，當門咒咀。在五爻者，香火下、道路上咒咀。金鬼加雀動者，敲鍋咒咀也。

鬼加勾動：跌打傷，失饑傷飽，脾胃病也。勾鬼加木動，因修造得病也。

鬼加蛇動：憂愁驚怖，思慮傷神，或遇妖邪得病也。

鬼加虎動：鬥毆損傷，或從喪葬、刀兵、宰殺之場得病也。

鬼加武動：因色欲過度，忍饑冒雨，或失物、被盜得病也。又鬼伏父下，與父動化鬼者，憂心得病，或衣服寒暖失時得病也。鬼伏兄下，與兄動化鬼者，因賭博、爭財得病也。鬼伏財下，與財動化鬼者，飲食不節而起也。財在陽宮動，主吐。在陰宮動，主瀉。財加土動者吐，財加水動者瀉也。鬼伏子下，與子動化鬼者，因外情牽引，或酒色致病也。加龍則嗜酒，加武則好色。子爻空絕者，調理無資也。間爻鬼動者，胸膈不寬也。鬼旺動傷用者，急症也。鬼臨日辰動者，暴病也。臨月建，經月之病。衰臨太歲，經年之病。又衰鬼持用動者，久病難除也。

五、飲食

卦內無財，或財空絕，或四墓持用者，飲食不納也。祿入絕鄉者，不進食而死也。鬼動化財者，飲食仍進也。財化鬼兄者，因食增病也。應動合用，而化財傷用者，忌食饋來之物也。又丑鬼忌牛肉，卯鬼忌兔肉，未鬼忌羊肉，酉鬼忌雞肉，戌鬼忌犬肉，亥鬼忌豬肉。又水鬼忌魚腥、冷物、鹹物。木鬼忌果核、酸物。金鬼忌蔥、蒜、姜、辣辛物。火鬼忌煿炙①、煎炒、香味、苦物。土鬼忌米、面、茄、芋、瓜、蔬、甘物也。

注釋

①煿炙（bózhì）：煎炒或燒烤食物。

六、醫藥

內卦、世爻、用爻為病人。外卦、應爻、子孫為醫藥。外剋內，應與子孫剋世、剋用者，藥效也。內剋外，世爻、用爻剋應，剋子孫者，藥不效也。外生合內，應與子孫生合世者，藥對症而效遲也。外應剋內世，卦無子孫者，不遇良醫也。父兄俱動者，子叨生而醫善也。父官雙靜，而子臨應動者，良醫到也。

應加子動剋世者，藥有效也。世剋應子者，名醫而藥不效也。子剋世，而外應不剋內世者，藥不效而無害也。應加鬼動，刑害剋沖世者，誤藥傷人也。子孫值辰午酉亥自刑者，用藥差誤也。日辰動爻沖傷子孫者，藥不效也。子化父鬼者，藥不收功也。子化子者，雜藥不精也。子加虎殺動者，庸醫誤人也。世下伏官，逢子動者，藥雖好，而病根不除也。世持衰鬼者，病雖輕，而藥難療也。

世應比，而卦無子，或子空絕者，宜換藥醫。子孫兩動者，換醫而愈也。鬼子俱空者，不治自愈也。鬼子俱動者，醫禱兼用也。子財兩動，則鬼得助，而病難治也。

《畢法賦》曰：「天醫生世者良醫。天醫剋世者庸醫。日辰剋醫者，醫學不精。醫剋日辰者，用藥不當也」。

世爻、用爻屬金，天醫在巳者效也。屬木，天醫在亥者效也。屬火，天醫在寅者效。屬水土，天醫在申者效也。

董賀㊀《筮秘》曰：「脈宜細察，身爻為主」。

月卦臨金，脈必弦緊代革也。臨木，脈必洪長虛動也。臨水，脈必芤①滑濡動也。值火，脈必數大促短也。值土，脈必沉實滯澀也。

又推醫是何人，子孫為用。

子孫屬金，宜西方，金傍姓氏人也。屬木，宜東方，草木傍姓氏人也。屬水，宜北方，點水傍姓氏人也。屬火，宜南方，日火傍姓氏人也。屬土，宜土傍姓氏，及丹散醫人也。子孫帶貴人，宜有官職人。子孫帶華蓋，宜僧道也。

至於君臣佐使，藥莫輕投。

官鬼屬金，宜灸，不宜丸藥也。火可剋金，土則生金。

鬼屬木，宜針，不宜湯藥也。金能剋木，水則生木。

鬼屬水，宜溫藥，丸藥，不宜針也。土剋水，金生水。

鬼屬火，宜涼藥，湯藥，不宜草頭藥，與飲片也。以水剋火，而木生火。

鬼屬土，宜咬咀，不宜灸也。以木剋土，而火生土。

他若鬼傷二間者，宜寬胸膈也。世旺有扶者，不妨再補也。

財外動合用者，宜吐。財內動合用者，宜瀉。

用爻鬼爻出現，與在外卦者，宜外表。伏藏在內卦者，宜內表也。

周傑曰：「有受病在此，所治在彼者」。

如金虎鬼沖傷用，乃肝經受病。金來剋木。然可治肺，不可治肝也。所云：「去其害我者」。餘倣此。

木虎鬼沖傷用，乃脾經受病。木來傷土。然可治肝，不可治脾也。
水虎鬼沖傷用，乃心經受病。水來傷火。然可治腎，不可治心也。
火虎鬼沖傷用，乃肺經受病。火來傷金。然可治心，不可治肺也。
土虎鬼沖傷用，乃腎經受病。土來傷水。然可治脾，不可治腎也。

出《松徑玄談》。

顆師曰：「子孫動者誤服藥」。

注釋

①芤（kōu）：中醫脈象之一。芤脈，浮大而軟，按之中央空，兩邊實。參閱《脈經・脈形狀指下秘訣》。

校勘記：

㈠「賀」，原本作「和」，疑誤，據參引書目名改作。

七、鬼祟

以官鬼為用。

如卦無鬼及鬼逢空絕者，則無鬼祟也。

官鬼生合世用者，宜祈禱也。官持世用者，先禱後醫也。鬼動刑害剋沖世用，得福動來救助者，宜禳保也。世用持財，逢火鬼動者，宜衆保也。

問祈禳是何神鬼，則陽鬼為神，陰官為鬼也。

又鬼帶晝貴者，為神也。

陽金鬼：庵堂、關聖、白虎、七殺也。

陰金鬼：則刀傷、自刎、癆瘵、喘嗽、虎傷之魂也。

陽木鬼：東嶽、五聖、家先、香火也。

陰木鬼：則自縊、瘋疾、跌蹼、刑杖死之魂也。

陽水鬼：觀音、真武、三官、水神、張神、河泊水官也。

陰水鬼：則投河、服鹵①、嘔血之魂也。

陽火鬼：玄壇、五福、火神、灶司、香火也。

陰火鬼：則瘡毒、癆怯、疫瘟、帶血、心疼、燒死之魂也。

陽土鬼：城隍、土穀、太歲、皮場大王、土神也。

陰土鬼：則瘟疫、咽喉、臌脹、黃疸、壓死之魂也。

又鬼加金虎刑殺者，死於非命也。鬼居遊魂外卦者，客死他鄉也。鬼加天火、天燭、獨火殺者，燒死也。鬼加天賊、天盜、劫殺者，因盜致死也。鬼加沐浴、咸池殺者，姦淫娼妓也。鬼加木狼，天縊殺者，縊死也。鬼加風波、浴盆、浮沉殺者，溺死也。鬼加羊刃、刀砧殺者，屠劊鬼也。鬼帶暗金、血刃殺者，產亡鬼也。鬼帶天刑、天獄、地獄、牢獄、入獄殺者，牢獄鬼也。鬼加刀砧、羊刃、劫殺者，自刎鬼也。鬼帶華蓋、孤神者，僧道、絕嗣鬼也。鬼加騰蛇、天怪殺者，精怪妖邪也。鬼居太歲者，當年歲君也。鬼居月日時上者，遊野神也。

又父母伏鬼、化鬼者，陽父，陰母也。兄弟伏鬼、化鬼者，陽兄弟，陰姊妹也。妻財伏鬼、化鬼者，陽妻奴，陰妾婢也。子孫伏鬼、化鬼者，陽男，陰女也。鬼在本宮內卦，同姓鬼也。鬼在他宮外卦，異姓鬼也。交重，大鬼。單拆，小鬼。衰墓，老年舊鬼。生旺，壯年新鬼。胎養，孩童鬼。陽男陰女也。

又八卦《乾》宮鬼，祖宗與父。《坤》宮鬼，祖妣與母也。《震》、《坎》、《艮》宮鬼，男也。《巽》、《離》、《兌》宮鬼，女也。

問有幾鬼，以一水、二火、三木、四金、五土之數推之。旺相加倍，休如數，囚死減半也。

曹子虛曰：「祈禳用何祭禮，則視鬼之食神也」。

如鬼屬甲，則食在丙，而祿居巳也。宜用炒雞、煎腐、酒禮、財馬送之也。

鬼屬乙，則食在丁，而祿居午也，宜用乾脯、炒豆、酒禮、財馬送之也。

鬼屬丙，則食在戊，而祿居巳也，宜用炒雞、煎腐、酒禮、財馬送之也。

鬼屬丁，則食在己，而祿居午也，宜用乾脯、炒豆、酒禮、財馬送之也。

鬼屬戊，則食在庚，而祿居申也，宜用三牲、饅首、果餅、酒禮、財馬送之也。

鬼屬己，則食在辛，而祿居酉也，宜用雞、肉、魚、餛飩、酒禮、財馬送之也。

鬼屬庚，則食在壬，而祿居亥也，宜用豬首、三牲、酒禮、財馬送之也。

鬼屬辛，則食在癸，而祿居子也，宜用池魚、血羹、麥面、酒禮、財馬送之也。

鬼屬壬，則食在甲，而祿居寅也，宜用三牲、時果、新蔬、酒禮、財馬送之也。

鬼屬癸，則食在乙，而祿居卯也，宜用雞、鵝、鴨、蔬果、鴨蛋、酒禮、財馬送之也。

若夫送於何方，則以鬼爻之支神定之也。

其在於神，則祈禱之禮，以子孫為福神也。

子帶龍、雀者，宜素祭。

子帶勾、蛇、虎、武者，宜葷盤。
子伏水鬼、水父下，或化水鬼、水父者，宜佛經。
子伏火鬼、火父下，或化火鬼、火父者，宜道醮。
子化財、伏財者，宜福禮。
子化兄、伏兄者，宜演戲眾保也。
此祈禳之占也。
又有舊願未還者。但子孫伏鬼下，動剋世用。或子孫伏歲殺下，動傷世用者，必有舊願未還也。旺相願大，休囚願小也。
至問因何許願，以官鬼為用也。
鬼伏世下、用下者，因自己許也。鬼伏父母、財子下，因父母、妻子許。鬼伏鬼下，因病訟許。鬼伏兄下，因兄弟、朋友、爭鬥、賭博許也。六親化出鬼者，亦然。出《源髓訣》。

虎易按：「如鬼屬甲，則食在丙，而祿居巳也」。這裡所說的「祿」，是以「食」的天干對應的。供讀者參考。

注釋

①服鹵（lǔ）：服毒自殺。鹵，亦稱「鹽鹵」、「苦汁」。制鹽時剩下的黑色汁液，味苦有毒。

八、病起何方

以卦中動爻斷之。火南、水北、木東、金西。不論鬼之有無也。如卦有鬼，而不動者，則取外卦斷之。《乾》在西北，《坤》在西南，《巽》在東南，《艮》在東北，《離》南，《坎》北，《震》東，《兌》西，是也。如卦安靜，而無鬼者，則看鬼伏何爻之下。以鬼上飛神，定其災處也。如鬼伏子下，則云北方。伏丑寅下，則云東北方。伏卯下，則東方。伏辰巳下，則云東南方。伏午下，則云南方。伏未申下，則西南方。伏酉下，則西方。伏戌亥下，則西北方也。若卦亂動，而鬼動者，亦以鬼所居之卦斷之也。若官鬼獨發者，又以鬼爻所值之支神斷之也。

又鬼在本宮內卦，則言本地得病。在他宮外卦，則言他方得病也。

九、病起何年月日

以鬼爻長生之年月日定之也。

又如土鬼動，火生土，在午年、五月、午日得病也。土長生在申，或申年、七月、申日得病也。鬼臨辰戌丑未上，或辰戌丑未年月日得病也。其他金、木、水、火鬼，皆倣此推之。

十、附斷例

庚寅年、戊寅月、己巳日，代占人病？得《坎》之《蹇》：

應爻相氣，歲月生之，日辰比之。但嫌化出申

《易隱》卦例：占 047

時間：庚寅年　戊寅月　己巳日（旬空：戌亥）

占事：代占人病？

	坎宮：坎為水（六沖）				兌宮：水山蹇		
六神	**本　卦**				**變　卦**		
勾陳	兄弟戊子水	▅▅ ▅▅	世		兄弟戊子水	▅▅ ▅▅	
朱雀	官鬼戊戌土	▅▅▅▅▅			官鬼戊戌土	▅▅▅▅▅	
青龍	父母戊申金	▅▅ ▅▅			父母戊申金	▅▅ ▅▅	世
玄武	妻財戊午火	▅▅ ▅▅	應	╳→	父母丙申金	▅▅▅▅▅	
白虎	官鬼戊辰土	▅▅▅▅▅		○→	妻財丙午火	▅▅ ▅▅	
騰蛇	子孫戊寅木	▅▅ ▅▅			官鬼丙辰土	▅▅ ▅▅	應

金，沖刑寅木子孫，服藥不效。辰宮化午財，刑應上午，是以多進食而受傷也。官屬土，脾胃病。子旺官衰，卦雖六沖，新病不死，只是難痊耳。

庚寅年、戊寅月、辛未日，子占父病？得《解》之《困》：

本宮子水父母，伏寅木之下。雖云洩氣，喜申金元神獨發，又化進神，更得日辰生之，決能生父。惟不宜土財持世，喜歲月與伏下寅木剋之。果于申酉日愈也。

《易隱》卦例：占 048

時間：庚寅年　戊寅月　辛未日（旬空：戌亥）

占事：子占父病？

六神	伏神	震宮：雷水解 本卦				兌宮：澤水困（六合） 變卦		
騰蛇		妻財庚戌土	▅▅　▅▅			妻財丁未土	▅▅　▅▅	
勾陳		官鬼庚申金	▅▅　▅▅	應	╳→	官鬼丁酉金	▅▅▅▅▅	
朱雀		子孫庚午火	▅▅▅▅▅			父母丁亥水	▅▅▅▅▅	應
青龍		子孫戊午火	▅▅　▅▅			子孫戊午火	▅▅　▅▅	
玄武	兄弟庚寅木	妻財戊辰土	▅▅▅▅▅	世		妻財戊辰土	▅▅▅▅▅	
白虎	父母庚子水	兄弟戊寅木	▅▅　▅▅			兄弟戊寅木	▅▅　▅▅	世

庚寅年、戊寅月、丁卯日，父占子病？得《臨》之《損》：

六爻酉金子孫獨發，化絕於寅，又絕於歲月建中，更加卯日衝破。果於本日死也。

《易隱》卦例：占049					
時間：庚寅年　戊寅月　丁卯日（旬空：戌亥）					
占事：父占子病？					
	坤宮：地澤臨			艮宮：山澤損	
六神	本　卦			變　卦	
青龍	子孫癸酉金 ▅▅　▅▅		╳→	官鬼丙寅木 ▅▅▅▅▅	應
玄武	妻財癸亥水 ▅▅　▅▅	應		妻財丙子水 ▅▅　▅▅	
白虎	兄弟癸丑土 ▅▅　▅▅			兄弟丙戌土 ▅▅　▅▅	
螣蛇	兄弟丁丑土 ▅▅　▅▅			兄弟丁丑土 ▅▅　▅▅	世
勾陳	官鬼丁卯木 ▅▅▅▅▅	世		官鬼丁卯木 ▅▅▅▅▅	
朱雀	父母丁巳火 ▅▅▅▅▅			父母丁巳火 ▅▅▅▅▅	

庚寅年、戊寅月、戊寅日，妻占夫病？得《剝》之《觀》：

官爻受三傳生扶㈠，人皆云吉。不知本宮午官自刑，伏墓戌土下。傍爻子動沖剋官，極凶。子動，誤服藥。子又化絕於巳，必始因藥不投，而後不延醫也。只有三傳生合官鬼，不過暫時少蘇。至甲申日，元神絕而忌神生，果死也。

《易隱》卦例：占 050								
時間：庚寅年　戊寅月　戊寅日（旬空：申酉）								
占事：妻占夫病？								
		乾宮：山地剝				乾宮：風地觀		
六神	**伏神**	**本　卦**				**變　卦**		
朱雀		妻財丙寅木	▅▅▅▅▅			妻財辛卯木	▅▅▅▅▅	
青龍	兄弟壬申金	子孫丙子水	▅▅　▅▅	世	╳→	官鬼辛巳火	▅▅▅▅▅	
玄武	官鬼壬午火	父母丙戌土	▅▅　▅▅			父母辛未土	▅▅　▅▅	世
白虎		妻財乙卯木	▅▅　▅▅			妻財乙卯木	▅▅　▅▅	
騰蛇		官鬼乙巳火	▅▅　▅▅	應		官鬼乙巳火	▅▅　▅▅	
勾陳		父母乙未土	▅▅　▅▅			父母乙未土	▅▅　▅▅	應

庚寅年、庚辰月、丁卯日，妻占夫病？得《渙》之《姤》：

鬼伏三爻下，值旬空。子為忌神，兄為仇神，二爻並發，獨喜用爻伏藏耳。至乙亥日，透出用爻，才受忌傷，而夫死也。

《易隱》卦例：占 051

時間：庚寅年　庚辰月　丁卯日（旬空：戌亥）

占事：妻占夫病？

		離宮：風水渙				乾宮：天風姤		
六神	**伏神**	**本　卦**				**變　卦**		
青龍		父母辛卯木	▅▅▅▅▅			子孫壬戌土	▅▅▅▅▅	
玄武		兄弟辛巳火	▅▅▅▅▅	世		妻財壬申金	▅▅▅▅▅	
白虎	妻財己酉金	子孫辛未土	▅▅　▅▅		╳→	兄弟壬午火	▅▅▅▅▅	應
騰蛇	官鬼己亥水	兄弟戊午火	▅▅　▅▅		╳→	妻財辛酉金	▅▅▅▅▅	
勾陳		子孫戊辰土	▅▅▅▅▅	應		官鬼辛亥水	▅▅▅▅▅	
朱雀		父母戊寅木	▅▅　▅▅			子孫辛丑土	▅▅　▅▅	世

庚寅年、癸未月、戊戌日，妻占夫病？得《革》之《困》：土為用神，丑土月破，化入辰墓、兄生子而子剋官，人皆云凶。豈知本宮辰土，得寅木動，生午火相扶。後至戊申日，忌神逢絕，官遇長生而愈也。

《易隱》卦例：占 052

時間：庚寅年　癸未月　戊戌日（旬空：辰巳）

占事：妻占夫病？

		坎宮：澤火革				兌宮：澤水困（六合）		
六神	**伏神**	**本　　卦**				**變　　卦**		
朱雀		官鬼丁未土	▅▅　▅▅			官鬼丁未土	▅▅　▅▅	
青龍		父母丁酉金	▅▅▅▅▅			父母丁酉金	▅▅▅▅▅	
玄武		兄弟丁亥水	▅▅▅▅▅	世		兄弟丁亥水	▅▅▅▅▅	應
白虎	妻財戊午火	兄弟己亥水	▅▅▅▅▅		○→	妻財戊午火	▅▅　▅▅	
騰蛇	官鬼戊辰土	官鬼己丑土	▅▅　▅▅		╳→	官鬼戊辰土	▅▅▅▅▅	
勾陳		子孫己卯木	▅▅▅▅▅	應	○→	子孫戊寅木	▅▅　▅▅	世

庚寅年、甲申月、乙丑日，夫占妻病？得《震》之《豫》：
世爻㊁戌財，正值旬空，日辰丑又刑戌，應爻辰財又自刑。初爻㊂子水動，化未土，與世爻㊃戌土又相刑。用爻受制，病必重也。子孫為藥，午爻為自刑，用藥差誤，所以病劇也。逢巳午日，子旺生財，始病退。若至日病加重，必難療也。

《易隱》卦例：占 053						
時間：庚寅年　甲申月　乙丑日（旬空：戌亥）						
占事：夫占妻病？						
	震宮：震為雷（六沖）			震宮：雷地豫（六合）		
六神	本　　卦			變　　卦		
玄武	妻財庚戌土	▅▅　▅▅	世	妻財庚戌土	▅▅　▅▅	
白虎	官鬼庚申金	▅▅　▅▅		官鬼庚申金	▅▅　▅▅	
騰蛇	子孫庚午火	▅▅▅▅▅		子孫庚午火	▅▅▅▅▅	應
勾陳	妻財庚辰土	▅▅　▅▅	應	兄弟乙卯木	▅▅　▅▅	
朱雀	兄弟庚寅木	▅▅　▅▅		子孫乙巳火	▅▅　▅▅	
青龍	父母庚子水	▅▅▅▅▅	○→	妻財乙未土	▅▅　▅▅	世

庚寅年、甲申月、癸酉日，夫占妻病？得《履》之《小畜》：

五爻財伏世下，飛上申金生之。三爻兄弟雖動，喜五爻子動，兄乃貪生忘剋，而子得生氣，生財愈有力矣。

後至甲申日，財遇長生而愈，然也。

虎易按：「喜五爻子動」，卦中五爻子孫為靜，並未動。此卦分析描述有誤，請讀者注意分辨。

校勘記：

㈠「扶」，原本作「合」，疑誤，據其文意改作。

㈡㈢㈣「爻」，原本作「下」，疑誤，據其卦及文意改作。

《易隱》卦例：占 054

時間：庚寅年　甲申月　癸酉日（旬空：戌亥）

占事：夫占妻病？

		艮宮：天澤履				巽宮：風天小畜		
六神	**伏神**	**本　卦**				**變　卦**		
白虎		兄弟壬戌土	▅▅▅▅▅			官鬼辛卯木	▅▅▅▅▅	
騰蛇	妻財丙子水	子孫壬申金	▅▅▅▅▅	世		父母辛巳火	▅▅▅▅▅	
勾陳		父母壬午火	▅▅▅▅▅		○→	兄弟辛未土	▅▅　▅▅	應
朱雀		兄弟丁丑土	▅▅　▅▅		╳→	兄弟甲辰土	▅▅▅▅▅	
青龍		官鬼丁卯木	▅▅▅▅▅	應		官鬼甲寅木	▅▅▅▅▅	
玄武		父母丁巳火	▅▅▅▅▅			妻財甲子水	▅▅▅▅▅	世

訟獄占

遊南子曰：「占訟獄者，先占起訟之因，次占告訴之准否。而後占其訟之勝負，訟之和息，罪之輕重也。至於審斷何日也，解報何如也，亦理之所可前知者也」。

看文書持何爻動，即知訟經何處。又看鬼臨何爻動，來生合、刑害、剋沖世爻、應爻，即知彼己之勝與負也。

鬼谷分爻		
六爻	聖駕	捶杖
五爻	部台	枷鎖
四爻	監司	牢獄
三爻	州郡	曹官
二爻	縣	官吏
初爻	耆保	縣門

一、訟因

雀臨父動，或父動化鬼者，因尊長、文書、房屋、舟車、袍服、墳(一)墓起訟也。雀臨子動，或子動化鬼者，因男女、僧道、六畜、善願、酒筵起訟也。雀臨財動，或財動化鬼者，因陰人、妻妾、奴婢、買賣、借貸、財帛起訟也。雀臨兄動，或兄動化鬼者，因兄弟、姊(二)妹、朋友、媒妁、中保、爭鬥、賭博起訟也。

本宮，在家事。他宮，別家事。內卦，近鄰事。外卦，遠方事也。

又龍鬼動，來刑剋世應，婚姻、酒色致訟。武鬼動，來刑剋世應，奸盜、水利致訟。勾土鬼動，加劫殺刑害世應，由田屋、契卷、爭鬥致訟。蛇土鬼動剋世應，戶役、牽連之訟。虎金鬼動剋世應，喪家、孝服、屠宰、合棺、謀害、爭鬥之訟。

又伏鬼暗動，傷世應者，必他人牽連之訟。看鬼伏何爻之下，即知其為何人，何事干連也。

官動化官者，事起舊訟，或一狀兩情，或二衙門，或結後再告也。官化空，則不依此斷也。

卦無官印，而應爻又空，或官、印、應爻三空者，乃無頭匿名狀也。卦身空者，狀多虛詞也。

校勘記：

㈠「墳」，原本作「時」，疑誤，據其文意改作。

㈡「姊」，原本作「姨」，疑誤，據其文意改作。

二、准否

世剋應，我起訟。應剋世，他興詞也。文書旺動者，可告。官鬼旺動者，可告。官居內卦，宜告府縣。官居外卦，宜告上司。鬼化父，持世應，帶馬旺動沖剋五爻，及太歲爻者，必進本也。卦無官，卦無父，或父逢空墓絕胎，與化空墓絕胎者，狀難告，告亦不准也。或官逢空墓絕胎，與化空墓絕胎者，告不准，准亦不結也。官印兩旺，動來生合者，皆准也。子財同動者，不准也。官絕逢生者，代稟而准也。鬼衰財動者，求情而告，待鬼生旺之日准也。父絕逢生者，有人唆告也。父動而官化子者，逢人勸阻也。父空而官動刑剋世，或父空，而虎刃、刑劫臨世動者，未准先責也。

三、勝負

內剋外，世剋應，我勝。外剋內，應剋世，彼勝。世內旺而外應衰，我勝。外應旺而內世衰，彼勝。

內世生外應者，因訟有損，且失理也。外應生內世者，因訟進益，且得理也。世應和合者，有人和解也。若鬼動傷世應者，欲私和，而官不允也。日辰生合世，或日辰刑害剋沖應者，我勝也。日辰刑害剋沖世，或日辰生合應者，彼勝也。

應加雀虎鬼，並刑劫動，來傷剋世者，私被毆辱，官受刑杖也。衰應剋旺世者，彼不能害我也。旺世剋衰應，而日辰動爻生扶應者，彼得人扶助也。靜世剋動應者，彼起波瀾也。世逢旺生者，我有幫助也。貴人生世者，仕宦來扶也。應衰無助者，彼勢孤弱也。

財持世動者，事可調停也。財喜加貴動者，求情取勝也。財世加喜動者，託人講和也。世持喜、解、喝散、雷火、龍福者，事必散也。世應持亡劫、大殺、刑害、血忌者，必輸也。官剋世，我輸。官剋應，彼輸。官生合世應，兩造持平。官刑害剋沖世應，彼此皆傷也。應下伏財，彼將求情取勝也。世持生官，宜賂上也。鬼化兄剋世應，上索下也。

世空者，我理屈而心隳①也。應空者，彼情虛而欲退也。世應俱空者，彼此懊悔也。世應皆旺者，但以日辰生合、刑害、剋沖決勝負也。官父俱空者，公私盡釋也。

注釋

①隳（duò）：古通「惰」，懶惰。

四、和息

六合卦易息，六沖卦難和。世應相生合比和者，易息。相刑害剋沖者，難和。世應持龍、子、喜、解、喝散、雷火殺者，易散。日辰沖官者，即日散也。鬼動化子者，可息。鬼爻三合世應，得日辰動爻沖散者，可息。官持辰戌丑未者，難散。財多而子受傷者，難散。日辰生官，官生日辰者，事延遲也。子動化鬼，與鬼伏世應下者，待鬼旺生月日，訟復發也。

五、罪責

日辰刑剋世應，或鬼動刑剋世應。與世應動，化刑害剋破者。皆主杖責罰罪也。

世應帶祿馬、德貴、喜解、喝散與生旺，而無刑害剋破者，無罪也。

世應衰，而帶刑刃、劫殺、大殺動者，必有罪責也。世應持金虎鬼動，與金虎鬼動傷世應。或世應持財，木鬼旺動來合者，皆杖罪也。

責之多少，以一水、二火、三木、四金、五土之數推之。旺相加倍，休如數，囚死減半也。

罪之輕重，以鬼之衰旺定之也。

龍兄動，剋世應，罰而不責。虎兄動，剋世應，責而又罰。

世應居六爻，受寅木鬼刑傷者，枷號也。寅木為枷，六爻為頭。世應居三爻，受卯木鬼刑傷者，杖責也。卯為竹板，三爻為臀。世應居初爻，持木鬼，動化木鬼者，夾棍也。初足。世應持蛇兄，居五爻動者，徒罪也。五為道路。世應居武兄，居六爻動者，流罪也。六為邊塞。世應持兄，加金虎、刑刃、大殺，動逢死絕者，死罪也。

《鬼谷百問篇》曰：「卦無子孫，而鬼臨世應，在外動，見二亡神，在歸魂卦者，徒罪。見三亡神，在遊魂卦者，流罪。景純云：亡神重疊刑沖，徒流千里。見四亡神，加刑刃、大殺、虎鬼，剋身世命者，死罪也」。四直皆有亡神。

又《噬嗑》、《明夷》卦，杖責也。《屯》、《蒙》、《大壯》卦，囚繫也。《渙》、《解》卦，事散也。

又世應在《巽》宮，帶蛇鬼蛇兄動者，必遭縲絏①也。

又世應遇朱雀、天刑來併合。或世應隨官入墓，或世應持兄。加天獄、地獄、牢獄、入獄殺動者，俱主監禁也。

王㊀夢庵曰：「欲知何日囚禁，但世應在《艮》宮，受何日害者，即知此日入獄也。《艮》為獄門。如世應屬申亥害，申亥日入。世應屬子未害，子未日入也」。

又凡動爻刑害身世者，遇刑害日入獄。如動爻是午，午刑午，害丑，俱午日入也。如動爻是卯，卯刑子，卯害辰，俱卯日入也。

又如八月卦，戌爻動，戌害酉，戌日入。酉爻動，酉刑酉，酉日入也。十二月卦，未爻動，未刑丑，未日入也。餘倣此。

欲知何日出獄：世應入墓者，刑沖墓爻之日出也。世應衰病者，生旺之日出也。世應死絕者，逢生之日出也。世應旺相者，值日之日出也。鬼剋世應者，鬼衰絕，而世應生旺之日出也。

欲知囚禁因何得出：太歲沖剋官，而生合世應者，遇恩赦②而出也。月建沖剋官，而生合世應者，上司宥釋③而出也。日建沖剋官，而生合世應者，府縣官釋放也。

又以天刑為憑也。

太歲動剋天刑者，必遇大赦也。月建動剋天刑者，宜求當道也。日辰動剋天刑者，宜求郡守也。時建沖剋天刑者，宜求縣令也。日辰帶大殺，動剋天刑者，宜求監司也。監司掌生殺之柄。

又求情脫罪者，以官鬼為用也。官鬼不空墓絕胎破，而生合世應者，終賴其力也。

浼人求情者，以應爻為用，應生世合者，吉也。

注釋

①縲絏（léi xiè）：捆綁犯人的黑繩索。借指監獄；囚禁。引申為牢獄。

②恩赦（shè）：指帝王登極等大慶時，下詔赦免罪犯。

③宥（yòu）釋：赦免釋放。

校勘記：

㊀「王」，原本作「黃」字，疑誤，據《易隱參引書目》作《王夢菴義通》作者名改作。

六、審問

世旺應衰日，可審也。剋應生世日，可審也。世臨死墓絕胎日，不利審也。官現動，即審也。卦無官，則官值之日審也。官旺，則墓絕之日結也。官衰，則生旺之日結也。官空墓胎，逢沖之日結也。官逢沖者，官有事，而未審也。加龍喜，因喜事停留也。加病符，因疾病停留也。在遊魂卦，加馬動者，有遠出參謁①之事，而未審也。官加虎劫動，傷世應者，官心叵測，不遽審也。日辰加兄動，剋世應者，吏人索詐，而稽遲也。勾臨初六爻動者，取鄰里公結而審也。日辰刑鬼者，上司有言責，事稍緩也。卦無父，無案卷也。父旺空，文書未就也。應帶父，動剋世者，彼心隨招再訴也。世持旺鬼，沖剋應者，我欲訟後再告也。

注釋

①參謁：晉見上級或所尊敬的人。

七、批評

官爻不空不動，與父爻不沖不動，或虎子動傷鬼者，俱依擬也。卦六合者，依擬。卦六沖者，駁問也。父官兩動者，駁問也。父加歲月動者，上司吊卷也。父逢歲月沖者，上司駁問也。鬼剋世者，批我罪重也。鬼生應者，批彼罪輕也。父龍動，批辭平恕。父虎動，批語加刑。父勾蛇動，語多牽累。父化父，官化官者，另批衙門也。兄化兄，來傷世應者，吏多欲也。

八、附斷例

己丑年、癸酉月、甲申旬、戊子日，占訟事？得《觀》之《艮》：

《易隱》卦例：占055						
時間：己丑年　癸酉月　戊子日（旬空：午未）						
占事：占訟事？						
		乾宮：風地觀			艮宮：艮為山（六沖）	
六神	**伏神**	**本　卦**			**變　卦**	
朱雀		妻財辛卯木 ▅▅▅▅▅			妻財丙寅木 ▅▅▅▅▅	世
青龍	兄弟壬申金	官鬼辛巳火 ▅▅▅▅▅		○→	子孫丙子水 ▅▅ ▅▅	
玄武		父母辛未土 ▅▅ ▅▅	世		父母丙戌土 ▅▅ ▅▅	
白虎		妻財乙卯木 ▅▅ ▅▅		╳→	兄弟丙申金 ▅▅▅▅▅	應
螣蛇		官鬼乙巳火 ▅▅ ▅▅			官鬼丙午火 ▅▅ ▅▅	
勾陳	子孫甲子水	父母乙未土 ▅▅ ▅▅	應		父母丙辰土 ▅▅ ▅▅	

世應俱值旬空，兩家皆宜退悔，但問官有欲耳。蓋卯財動生巳官，又犯月破。化爻申兄，又剋財合官，必有人代官府索賄者。木三數，衰空減半，進一百五十金，則可散矣。後果然。

庚寅年、戊寅月、甲戌旬、己卯日，占訟事？得《剝》之《觀》㊀：

若自己訟，未到官即散。蓋世下伏兄雖動，喜值旬空，又被月㊁沖。旁爻子孫持世，子動傷官，又助歲月刑官。此訟決然罪歸他人，不干於己。又況經曰：「世動自消，不成凶象乎」。若巳出官者，則子動傷官，決然沖犯官吏，罪可立待。縱財伏官下，多進金銀，不過輕減爾。

《易隱》卦例：占 056

時間：庚寅年　戊寅月　己卯日（旬空：申酉）

占事：占訟事？

		乾宮：山地剝				乾宮：風地觀		
六神	伏　神	本　卦				變　卦		
勾陳		妻財丙寅木	▅▅▅▅▅			妻財辛卯木	▅▅▅▅▅	
朱雀	兄弟壬申金	子孫丙子水	▅▅　▅▅	世	╳→	官鬼辛巳火	▅▅▅▅▅	
青龍		父母丙戌土	▅▅　▅▅			父母辛未土	▅▅　▅▅	世
玄武		妻財乙卯木	▅▅　▅▅			妻財乙卯木	▅▅　▅▅	
白虎	妻財甲寅木	官鬼乙巳火	▅▅　▅▅	應		官鬼乙巳火	▅▅　▅▅	
騰蛇		父母乙未土	▅▅　▅▅			父母乙未土	▅▅　▅▅	應

庚寅年、己卯月、甲午旬、戊戌日，占訟事？得《豫》之《小過》：世坐未土財，勾陳為田土，歲月剋之，日辰刑之，間爻兄弟又動剋之。此訟當經三四番費用，囊橐告匱，至於鬻田①而後已。然應爻生世，卯兄化絕于申。五爻申官，帶貴馬龍德解神，不成凶象。破財之後，終得調息，不成大禍也。

《易隱》卦例：占 057						
時間：庚寅年　己卯月　戊戌日（旬空：辰巳）						
占事：占訟事？						
	震宮：雷地豫（六合）				兌宮：雷山小過（遊魂）	
六神	**本　　卦**				**變　　卦**	
朱雀	妻財庚戌土	▅▅　▅▅			妻財庚戌土 ▅▅　▅▅	
青龍	官鬼庚申金	▅▅　▅▅			官鬼庚申金 ▅▅　▅▅	
玄武	子孫庚午火	▅▅▅▅▅	應		子孫庚午火 ▅▅▅▅▅	世
白虎	兄弟乙卯木	▅▅　▅▅		╳→	官鬼丙申金 ▅▅▅▅▅	
騰蛇	子孫乙巳火	▅▅　▅▅			子孫丙午火 ▅▅　▅▅	
勾陳	妻財乙未土	▅▅　▅▅	世		妻財丙辰土 ▅▅　▅▅	應

庚寅年、辛巳月、甲申旬、壬辰日，占訟？得《需》卦安靜：

本宮卯官，剋世下丑土。卯官伏辰兄下，辰土兄弟自刑，日辰並起。此決爭婚奪財之事，蓋兄弟為劫財之神也。又況亥財自刑，更伏兄下。此訟沾身，不得脫也。然官鬼沖㊂世，世上金子，雖值月㊃空，猶得辰日生氣。本宮酉子，雖為自刑，尤與辰日六合。故未到官者，可散也。已到官者，理決難伸，反能生禍。以子孫傷官，故也。

《易隱》卦例：占 058

時間：庚寅年　辛巳月　壬辰日（旬空：午未）

占事：占訟？

坤宮：水天需（遊魂）

六神	伏神	本卦		
白虎	子孫癸酉金	妻財戊子水	▅▅　▅▅	
騰蛇	妻財癸亥水	兄弟戊戌土	▅▅▅▅▅	
勾陳	兄弟癸丑土	子孫戊申金	▅▅　▅▅	世
朱雀	官鬼乙卯木	兄弟甲辰土	▅▅▅▅▅	
青龍	父母乙巳火	官鬼甲寅木	▅▅▅▅▅	
玄武	兄弟乙未土	妻財甲子水	▅▅▅▅▅	應

庚寅年、甲申月、甲子旬、乙丑日，占訟？得《震》之《豫》：值金官正旺，初爻水父，動遇長生。世應辰戌又沖，其訟緊急。喜子水變未土財，回頭剋之。若能用財賄于吏書差役之屬，買得寬緩，此訟可和。以世應比和，故也。

《易隱》卦例：占 059					
時間：庚寅年　甲申月　乙丑日（旬空：戌亥）					
占事：占訟？					
	震宮：震為雷（六冲）			震宮：雷地豫（六合）	
六神	本卦			變卦	
玄武	妻財庚戌土	▅▅ ▅▅	世	妻財庚戌土 ▅▅ ▅▅	
白虎	官鬼庚申金	▅▅ ▅▅		官鬼庚申金 ▅▅ ▅▅	
騰蛇	子孫庚午火	▅▅▅▅▅		子孫庚午火 ▅▅▅▅▅	應
勾陳	妻財庚辰土	▅▅ ▅▅	應	兄弟乙卯木 ▅▅ ▅▅	
朱雀	兄弟庚寅木	▅▅ ▅▅		子孫乙巳火 ▅▅ ▅▅	
青龍	父母庚子水	▅▅▅▅▅	○→	妻財乙未土 ▅▅ ▅▅	世

庚寅年、戊子月、甲子旬、丁卯日，占訟？得《睽》之《歸妹》：

六爻寅官動，十一月水旺木相，卯日占，木又旺。況寅官與卯日，共剋世下戌土，為三合六合，故目下事急也。父母為文案，本宮寅官，伏巳火文書下。冬月火空，而日辰生之，最急。動爻寅官，又生巳火，復刑巳火，此決官要行文書，吏欲阻而未能也。又本宮午火文書，合世下戌土，又火墓戌中。故午雖自刑，不可以文書有傷斷。然此文書伏卯官下受生，卻是緊急。蓋本宮官伏文書下，本宮文書伏官下，此訟必經上司衙門，方得遣斷。

占者曰：「訟者已禁縣獄，密行賄賂，可脫乎」？曰：「不可」。旁爻酉子持世自刑，又被卯日一沖。若使人乞稟，其官愈怒也。本宮申子，又伏墓丑土下，人亦敢去說？此事必解上司，罪重難免也，後果然。

《易隱》卦例：占 060

時間：庚寅年　戊子月　丁卯日（旬空：戌亥）

占事：占訟？

六神	伏神	本卦（艮宮：火澤睽）				變卦（兌宮：雷澤歸妹（歸魂））		
青龍	官鬼丙寅木	父母己巳火	▅▅▅▅▅		○→	兄弟庚戌土	▅▅　▅▅	應
玄武	妻財丙子水	兄弟己未土	▅▅　▅▅			子孫庚申金	▅▅　▅▅	
白虎	兄弟丙戌土	子孫己酉金	▅▅▅▅▅	世		父母庚午火	▅▅▅▅▅	
騰蛇	子孫丙申金	兄弟丁丑土	▅▅　▅▅			兄弟丁丑土	▅▅　▅▅	世
勾陳	父母丙午火	官鬼丁卯木	▅▅▅▅▅			官鬼丁卯木	▅▅▅▅▅	
朱雀		父母丁巳火	▅▅▅▅▅	應		父母丁巳火	▅▅▅▅▅	

虎易按：「六爻寅官動」，指六爻父母己巳火動，其下伏藏寅官。「況寅官與卯日，共剋世下戌土，為三合六合」，指寅官與伏藏的二爻午火和世爻下戌土可成三合，卯日與戌土可成六合。「冬月火空」，此說不當，應為冬月子水剋火。供讀者參考。

注釋

①鬻（yù）田：賣田。

校勘記：

㊀「得《剝》之《觀》」，原本作「得《觀》之《剝》」，疑誤，據「蓋世下伏兄雖動」，及「旁爻子孫持世」，知其將主卦與變卦顛倒，依其卦理及文意改作。

㊁「月」，原本作「日」，疑誤，據其文意改作。

㊂「沖」，原本作「剋」，疑誤，據其文意改作。

㊃「月」，原本作「時」，疑誤，據其文意改作。

逃亡占

遊南子曰：「逃亡之人亦有辯。有君子而逃亡者，或以詿誤①，或以遂性，或以全身而遠害也。有小人而逃亡者，或因事敗，或避刑憲，或以背義而黨惡也。在他人，則視應爻也。在一本九族，則視五屬也。在仕宦，則用官鬼。僧道，則用子孫。奴視子孫，婢視妻財，朋友視兄弟。其有所竊而盜者，則視玄武與官鬼也」。

注釋

①詿（guà）誤：貽誤；連累。

鬼谷分爻	
六爻	珠玉
五爻	金銀
四爻	銅鐵
三爻	綾羅
二爻	綢絹
初爻	布帛

一、遠近

用居外卦則遠，用居內卦則近也。用出現者近，伏藏者遠也。本宮化本宮者，不遠。歸魂卦而應爻靜者，不遠。遊魂卦而應爻馬動者，漸遠也。

二、向方

用居《乾》西北，《坤》西南，《巽》東南，《艮》東北，《坎》北，《離》南，《震》東，《兑》西也。

用值子北方，丑寅東北方，卯東方，辰巳東南方，午南方，未申西南方，酉西方，戌亥西北方也。卦空，則看支神。

三、里數

用甲己子午九，乙庚丑未八，丙辛寅申七，丁壬卯酉六，戊癸辰戌五，巳亥常加四之數推之。如用臨甲子，近則二九一十八里，遠則九九八十一里。旺相加倍，休如數，囚死减半言之也。

四、匿何家

用加雀貴，官吏之家。雀加金刃，軍匠之家。入木，巫祝之家也。用加虎貴，武弁之家。虎加金刃，屠劊之家。加喪門、弔客，死喪之家也。用加武劫、天盜、天賊，盜賊之家。帶咸池、紅豔殺，娼妓之家。入水，舟子、網罟之家也。用加勾，裡役耕種，公差之家。用加龍，禮義豪富之家。龍加喜，婚姻、慶賀之家。龍加官貴，仕宦之家。用加蛇，不務農業，九流藝術之家。詳見《身命章》內。

用與間爻動合，原中媒保之家也。

林開曰：「看世下伏神。伏官加貴，則仕宦。加刑刃，則軍匠、屠宰之家。伏子，僧道、寺觀。伏財，婦女、娼家。伏兄，同伴、朋友家。伏父，親戚尊長家也」。

五、匿何地

用水動，船舫水閣。用木動，上船登樓。用金動，瓦屋夾壁。用火動，開市窯治。用土動，墳墓城塔也。

又君平占逃亡?得純《乾》，六爻俱動：見紙上六圈，撫幾曰：「必在六層塔上」。索之果得。

《易隱》卦例：教 039

占事：占逃亡？

乾宮：乾為天（六沖）				坤宮：坤為地（六沖）		
本　　卦				**變　　卦**		
父母壬戌土	▅▅▅	世	○→	兄弟癸酉金	▅　▅	世
兄弟壬申金	▅▅▅		○→	子孫癸亥水	▅　▅	
官鬼壬午火	▅▅▅		○→	父母癸丑土	▅　▅	
父母甲辰土	▅▅▅	應	○→	妻財乙卯木	▅　▅	應
妻財甲寅木	▅▅▅		○→	官鬼乙巳火	▅　▅	
子孫甲子水	▅▅▅		○→	父母乙未土	▅　▅	

六、見否

用動難見，而靜易尋也。

外生合內，應生合世，有歸心也。外沖傷內，應沖傷世，無回意也。

旺世剋衰應，飛神剋伏神，可覓也。伏剋飛，或用臨空絕墓胎，或用加馬旺動者，難覓也。

用居五爻動，帶退神，或化退神者，半途而返也。用居六爻，旺靜無衝破，一去不返也。用爻動，化用爻者，歸亦難留也。

日辰、動爻、變爻，生合用爻者，糾伴同去也。日辰動變，刑害剋破用爻者，為人所阻也。

應爻、用爻，生合世爻，而安靜者，心本懷歸。但逢衝動應、用月日起程，生旺月日必到也。

卦六合者，彼深藏，而宜細訪也。卦六沖者，彼出遊，而遇諸途也。

七、附斷例

庚寅年、壬午月、甲戌旬、辛巳日，占婢走失？得《無妄》之《履》：

財伏世下，飛神生之，終必得見。二爻木兄獨發，化出兄爻，且臨玄武，必從後門出。有東方草木姓氏人家，兄弟二人收留之。而兄生世子，必自送來。但嫌財伏應下合住，待次日壬午，衝開子合，生起伏財。果有東門蔣姓兄弟，送歸此婢也。

《易隱》卦例：占 061

時間：庚寅年　壬午月　辛巳日（旬空：申酉）

占事：占婢走失？

		巽宮：天雷無妄（六沖）				艮宮：天澤履		
六神	**伏神**	**本　卦**				**變　卦**		
騰蛇		妻財壬戌土	▅▅▅▅▅			妻財壬戌土	▅▅▅▅▅	
勾陳		官鬼壬申金	▅▅▅▅▅			官鬼壬申金	▅▅▅▅▅	世
朱雀	妻財辛未土	子孫壬午火	▅▅▅▅▅	世		子孫壬午火	▅▅▅▅▅	
青龍		妻財庚辰土	▅▅　▅▅			妻財丁丑土	▅▅　▅▅	
玄武		兄弟庚寅木	▅▅　▅▅		╳→	兄弟丁卯木	▅▅▅▅▅	應
白虎	妻財辛丑土	父母庚子水	▅▅▅▅▅	應		子孫丁巳火	▅▅▅▅▅	

遺失占

游南子曰：「物之得失，洵①有數焉。有失而不可復得者，有初失而終得者。先察其為何物也，次推其遺於何所也，次審其為何人所得也，次究其何人共聞也。然後定其何時可見，與夫終不可見而已」。

鬼谷分爻	
六爻	珠玉
五爻	金銀
四爻	銅鐵
三爻	綾羅
二爻	綢絹
初爻	布帛

注釋

①洵（xún）：假借為「恂」。誠然，確實。

一、取用

珍珠、大豆、布帛、石灰，子財為用也。

鎖鑰、斗斛、靴履、牛驢，丑財為用也。

神像、花衣、棺槨、竹木、織機、貓，寅財為用也。

門窗、藤蘆、花草、旛幢①、香盒、床榻，卯財為用也。

碓碾、磁器、缸埕②，辰財為用也。
字畫、花果、磚瓦、飛鳥，巳財為用也。
書史、爐鼎、旌旗、衣架、文書、馬，午財為用也。
筐簣、酒食、印信、藥餌、羊，未財為用也。
刀劍、經文、羽毛、死屍、薑蒜、大麥、紙、猿，申財為用也。
五金、玉石器、小麥、皮毛、門鎖、石仙、玉佛、雞，酉財為用也。
枷杻③、碓磨、舊服、犬，戌財為用也。
小兒、醉人、帳幔、筆墨、傘笠、醋醬、豬，亥財為用也。
衣服、印綬、舟車、器皿，父母為用也。
禽獸、鱗介、生氣之物，子孫為用也。
綾羅、緞疋、絲綿，火財為用也。
如用爻不現，又不伏者，則取分爻為用也。
初爻網罟、履踏、棺槨、校械也。
二爻耒耜④、台桌、盤盂、簡冊、碓碾也。
三爻算篩、筆硯、舟車、弓矢、鏡奩也。
四爻銅鐵、規矩、準繩、尺丈、斗斛也。

五爻金銀、琴瑟、文書、圭璧、印節、輪磨也。
六爻珍寶、門窗、梯棚、筐筥⑤、斧鉞、權衡也。
參《洪範皇極雜象圖》。

注釋

①旛幢：泛指旌旗之類。
②缸埕（chéng）：缸和酒甕。
③枷杻：木枷與手械。帶於囚犯頸項、手腕的刑具。
④耒耜（lěi sì）：古代耕地翻土的農具。耒是耒耜的柄，耜是耒耜下端的起土部分。也用做農具的統稱。
⑤筐筥（jǔ）：筐與筥的並稱。方形為筐，圓形為筥。亦泛指竹器。

二、遺處

財居內卦，家中失。財居外卦，他處失也。
近處求之者：

初爻，井側也。
二爻，灶下也。
三爻，閨房也。
四爻，門廁下也。
五爻，道路、香火下也。
六爻，棟柱、牆籬、亭閣、宗廟中也。

財伏水下，沼沚中也。財伏木下，柴薪內也。財伏金下，磚石中也。財伏火下，爐灶間也。財伏土下，泥坎中也。

亥福化財，當檢豬欄。丑財化福，宜探牛圈也。未在羊牢，午為馬廄，戌則狗囤，寅乃貓籠，酉為雞垛，子是鼠窠，巳為蛇穴也。

財伏父下，衣笈、書箱也。財伏子下，窗前、牖[1]下也。財伏財下，倉庫、廚灶。財伏鬼下，廳堂、墳廟也。財伏兄下，坑廁、門牆也。

遠處求之者：

財在《乾》，西北、寺觀、高樓、城垛也。

財在《坤》，西南、墳墓、荒郊、大輿也。

財在《震》，東方、船枋、木行、造作、斫伐場中也。

財在《巽》，東南、雞鵝市、竹木、花園、菜圃也。
財在《坎》，北方、鹽場、魚市、池井、溝坑、江湖邊也。
財在《離》，南方、爐冶、窯灶、鬧市也。
財在《艮》，東北、山林、骨塚、打石、樵柴處也。
財在《兑》，西方、庵堂、酒肆、廢井、缺坑、羊市中也。

注釋

①牖（yǒu）：窗戶。先秦多用牖，窗少見。牖，穿壁以木為交窗也。

三、拾者

兄鬼外卦動，外人拾去也。兄鬼內卦動，家人拾得也。
財伏父下，內則父母、伯叔。外則親戚、尊長也。
財伏兄下，內則兄弟。外則朋友也。
財伏財下，內則妻妾、妯娌、婢僕。外則婦女、六婆也。
財伏子下，內則子孫、卑幼。外則僧道、醫士、捕人也。

財伏鬼下，內則公姑、病人。外則職官、役吏、軍匠、牙中、媒妁、無良小人也。

四、知情

以福德動為主也。

福臨子水動：問黑衣、禿頭男子，及釣魚人也。

福臨丑動：問耕夫、牧牛人也。

福臨寅動：問青衣童子、草木姓氏人。

福臨卯動：問青衣、屬兔婦人。

福臨辰動：問黃衣、屬龍男子，及鋤麥地、拜墳、肩竹木人。

福臨巳動：問紅衣人。衰墓老年，生旺壯年，胎養幼小。帶殺，則屈腳婦人也。

福臨午動：問紅衣男子。旺相，問銅鐵匠。休囚，問挑柴炭人。帶馬，問騎馬人也。

福臨未動：問土傍姓氏，屬羊、販羊、牧羊人。

福臨申動：問白衣男子，及軍匠、弄猢猻人。

福臨酉動：問白衣女人，及賣酒、販雞、驅雞人。

福臨戌動：問獄吏、扶杖、荷戈、荷鋤、牽犬、引犬人。

福臨亥動：問黑衣女人，執傘、著簑笠人。或挑水、洗衣、販豬、驅豬人也。

五、見否

外財旺動者，遠去也。內財無氣，與財逢亡劫，及財動化鬼，或財爻伏藏，或財空死墓胎絕，或財被刑害剋破，或財墓旺者，皆難見也。財爻出現旺靜，與財化福，鬼化財，生合世者，皆可見也。又失物，而物有氣者，用爻生旺日時，可尋。用爻生旺方所，可尋也。如財帶亡劫者，必被人竊去也。視兄鬼生旺墓方，見之也。

盜賊占

遊南子曰：「占盜賊者，先占其來於何日也，進於何地也，偷時有何驚覺也。又推賊為何如人也，所竊為何財物也，從何方去，何人知情也。然後究其財藏何所，賊匿何家，何日出贓而獲賊也。而盜賊之占備矣」。

鬼谷分爻	
六爻	省道
五爻	州府
四爻	縣道
三爻	市鎮
二爻	鄰里
初爻	家賊

一、賊來日

凡《坎》宮水鬼動，或兄化鬼，鬼化兄者。或鬼臨玄武，帶天賊，動剋世身，而又財動來助鬼者。皆主官爻生旺、臨值之月日失賊也。若不傷身世，是私房小夥有失也。鬼旺，大夥賊。鬼衰，是嬉偷小賊也。玄鬼旺動，帶天盜、劫殺剋身世者，防劫盜也。日並武鬼暗動，或武下伏鬼暗動者，必應在相沖月日。明動者不忌也。又武加天賊，臨財動者，但逢天賊臨值之月，與爻神六合之日，失賊也。

二、賊進處

木鬼動剋六爻，穿穴窬垣而入也。金鬼動傷三四爻，挖門破戶而入也。火鬼動傷二爻，廚灶下，劈環開鎖而入也。水鬼動剋三爻，灌水滅燈，而入臥室也。子水鬼，假作鼠鳴。寅木鬼，假作貓跳也。土鬼動剋五爻，涉溪越澗，從路傍入也。

三、驚覺

日辰沖剋鬼者，賊被主驚也。

日沖剋金鬼，見燈復隱也。日沖剋木鬼，銅鐵器響，而賊驚也。日沖剋火鬼，追急而墮水也。日沖剋土鬼，賊畏門戶堅也。

若見木動剋鬼者，必開門響，而賊驚也。日沖剋水鬼，牆垣堅固，而賊懼也。

火動沖剋金鬼者，燈外見賊也。或鑽壁穿垣，而主人覺也。

水動沖剋火鬼者，見火頭，而主人驚起也。

木動剋土鬼者，風吹門響，而賊驚也。

金空動，剋沖木鬼者，聞人聲而賊驚。陽金，男人聲。陰金，女人聲。值胎養，兒啼也。值墓，老人嗽。難下手也。

土動沖剋水鬼，壁傾牆倒，而主人驚起也。

四、何賊

世爻持鬼、伏鬼者，貼身賊也。

鬼加龍旺動，吏人也。衰動，則退職之吏人，及牙人也。
兄加玄雀動，伏鬼、化鬼者，輸賭人也。
財加玄動，伏鬼、化鬼者，非妻妾之親，必奴丁也。在內，則家奴。在外，則他姓之奴也。
子加玄動，伏鬼、化鬼者，內則子侄，外則僧道也。
父加武動，伏官、化官者，內則尊長，外則流落之文人也。
鬼加玄動，伏官、化官者，遠年積賊也。
玄鬼動，帶刃劫者，強盜也。木玄鬼動化火者，明燈執棍也。
鬼屬陽，男子，或日來也。鬼屬陰，婦人，或夜來也。
鬼陽化陰，日至夜方偷。或男偷，而藏女人處也。鬼陰化陽，夜至，日方退。或女偷，而男人將去也。
鬼旺，壯年賊。鬼墓，老年賊。鬼胎養、長生者，童子也。陰鬼臨胎者，孕婦也。囚在囚徒，病乃抱病人也。
玄鬼刑沖剋害身世者，有舊仇夙怨者也。
鬼化福者，僧道同謀也。
內外兩鬼，動剋世身者，內外兩人合謀也，或家人勾引外賊也。外鬼動，而內鬼靜者，家內有人知情也。
內外兩鬼俱靜者，但看何爻帶玄武、天賊、天盜、劫殺者，為正賊也。
日辰生合玄鬼，有慣賊做腳，防再來也。或有窩主，難獲也。
至問偷去是何財物，詳見「求財占」內。

五、何方去

以鬼所臨之卦，定其何方去也。卦空，則以鬼所值之支神定之。
又水鬼外動，渡河去也。木鬼外動，乘舟去也。土鬼外動，陸行去也。火鬼外動，依官附勢而去也。金鬼外動，扮作行乞人去也。

六、知情

以福德動為主。見㊀前「遺㊁失占」內。
動爻沖鬼者，有人報稱也。雀父動，生世者，有人傳信也。兄動化鬼傷應，生合世者，同伴出首也。世下伏神，帶勾陳動者，賊自首也。

校勘記：

㈠「見」，原本作「現」，疑誤，據其文意改作。

㈡「遺」，原本作「走」，疑誤，據目錄名稱改作。

七、財藏賊隱

尋贓捕賊，看財爻、鬼爻墓處也。

金墓丑，東北方尋捕也。

木墓未，西南方尋捕也。

火墓戌，西北方尋捕也。

水土墓辰，東南方尋捕也。

財爻、鬼爻，加龍動，隱藏在儒館、齋堂、喜慶之門也。

加虎動，隱藏於軍兵、屠劊、死喪之家也。

加勾動，隱藏於泥水、土作、田家也。

加蛇動，隱藏于閒遊、無賴之家也。

加雀動，隱藏於火場、書紙鋪、與詞訟之家。若伏兄、化兄，則賭博之場。再逢《兌》卦，必梨園之所也。

加武動，隱藏于窩主、積賊之家。加咸池殺，則娼妓之家也。

財爻、鬼爻，在《乾》，隱藏寺觀、樓臺、城塔、馬廄也。

在《坤》，隱藏墳墓、倉庫、農牧、老嫗家也。

在《震》，隱藏船舫、樵夫、木客家也。

在《巽》，隱藏草木、菜圃、竹林也。

在《坎》，隱藏酒醋、魚鹽、溝瀆、井沼、江湖之畔也。

在《離》，隱藏爐灶、明窗、孔穴、煙火、文書之處，術士、陶冶、絲店、經絡之家也。

在《艮》，隱藏山林、路石、土穴之傍，少男、仙客之家也。

在《兌》，隱藏於敗垣、缺甕、廢井、瓦礫之內，庵堂、酒肆、魚池、水閣之中也。

又財內動，去不遠。財外動，出外方也。財加勾土，藏土中也。財爻出現，逢生合而不空破，與鬼休財靜者，可尋也。財化鬼兄，或財墓旺，或財逢空絕，刑害剋破者，難尋也。鬼逢沖剋，而日扶合財者，財未失也。日合財動，與財化入墓胎者，藏於器皿，未入賊手也。財下伏兄，或動化兄者，偷物被人捉去也。卦無財者，其物已曾變去也。子動剋鬼，日時剋鬼，日為官，時為吏。勾陳剋玄武，飛神剋伏神者，世下伏神為賊。可擒也。鬼衝動者，遠去。鬼靜伏，不空破者，潛本地也。卦無子孫，與伏剋飛神，鬼剋日時，玄剋勾者，難捉也。子空鬼不空，彼雖在而不獲也。鬼動子不動，賊已見而難擒也。飛伏相生比和者，難擒。伏帶刦刃、大殺，剋飛者，急追而反被賊傷也。卦無財，而鬼空者，自遺失也。卦無鬼，而兄加龍動化鬼者，人借去，而已忘之也。鬼靜，而財帶亡神動者，自失，被人拾去也。

八、何日追獲

財鬼入墓者，刑沖墓日可追獲也。靜則衝動之日追獲，動則合日追獲也。鬼旺財衰者，鬼敗財生之日追獲也。飛神刑剋伏，子動刑剋鬼，勾動刑剋武，動爻刑害鬼者，遇子孫、飛神、勾陳、動爻，生旺之日，可追獲也。日時刑沖鬼，動爻又生鬼者，必有人救護，待動爻受制日可獲也。

九、附斷例

己丑年、壬申月、甲子旬、乙丑日，卜捕賊？

得《震》之《豫》：

申官出現，必可捕。但嫌墓於丑日，不免潛伏。況世財旬空，丑日刑之。動爻子水及金官，又與應爻㊀辰財三合，其賊有伴，難捉也。然終必可捉者，以應財辰土自刑，其贓決破也。但子孫為捕人，臨午自刑，被父、鬼、應爻三合水局剋之。此即捕捉中人，有與賊相通，使不得捕也。喜子水化未土，制父合子。次日丙寅，必有婦人露機，因得捕獲。蓋丙寅為子孫長生之日，婦人者，未財來合午子者也。問何人知情，則《震》化為《坤》，必老婦，屬牛者也。問在何方捕著，則《震》屬木，在東方、林木之所獲也。問何等人家，則

《易隱》卦例：占 062

時間：己丑年　壬申月　乙丑日（旬空：戌亥）

占事：卜捕賊？

	震宮：震為雷（六沖）				震宮：雷地豫（六合）		
六神	本卦				變卦		
玄武	妻財庚戌土	▅▅　▅▅	世		妻財庚戌土	▅▅　▅▅	
白虎	官鬼庚申金	▅▅　▅▅			官鬼庚申金	▅▅　▅▅	
騰蛇	子孫庚午火	▅▅▅▅▅			子孫庚午火	▅▅▅▅▅	應
勾陳	妻財庚辰土	▅▅　▅▅	應		兄弟乙卯木	▅▅　▅▅	
朱雀	兄弟庚寅木	▅▅　▅▅			子孫乙巳火	▅▅　▅▅	
青龍	父母庚子水	▅▅▅▅▅		○→	妻財乙未土	▅▅　▅▅	世

與賊也。應爻辰財，財為婦人，辰乃自刑，若非惡疾破相婦人家，必是寡婦家，獲其贓

虎易按：「婦人者，未財來合午子者也」之後的內容，「上海千傾堂」刻本，以及後來的版本，均已脫。大約是後來的刻本，所據的版本，該內容已經破損或者模糊吧。供讀者參考。

校勘記：

㈠「爻」，原本作「下」，疑誤，據其文意改作。

校注參考文獻資料

《周易》《易冒》《詩經》《尚書》《禮記》《莊子》《法言》《史記》
《漢書》《晉書》《宋史》《元史》《明史》《爾雅》《曆例》《論衡》
《寓簡》《火珠林》《太玄經》《後漢書》《三國志》《舊唐書》
《新唐書》《清史稿》《戰國策》《淮南子》《過庭錄》《納音説》
《京氏易傳》《卜筮全書》《易林補遺》《增刪卜易》《梅花易數》
《周易本義》《周易折中》《淵海子平》《白虎通考》《宋元學案》
《明儒學案》《經義述聞》《事物紀原》《夢溪筆談》《蘋野纂聞》
《醫宗金鑒》《御定星曆考原》《大易斷例卜筮元龜》
《增注周易神應六親百章海底眼》
《新鍥纂集諸家全書大成斷易天機》

錄入校對後記

一、原版標點都是採用〇，本稿採用現代標點方式，重新標點。對於原文有些無標點之處，據其文意，直接重新標點，不另作說明。

二、本校對版本，力求疏通原著文意。對原文中明顯的錯漏，用「校勘記」說明。

三、對原文中的異體字、通假字，以通行字替換，不另附說明。

四、對原文中的生僻字，生僻名詞，特定術語，以註腳方式注釋。

五、對有些與其引用書籍有差異之處的內容，採用更早的書籍版本參考校正，以「虎易按」的方式加以說明。

六、對原著中有些內容，為便於讀者閱讀和對照理解，以附圖和附表的形式補入，供讀者參考，不在文中一一說明。

七、對本書中涉及到的卦例，採用「元亨利貞」網的六爻排盤系統，補附完整的卦例，便於讀者閱讀和理解。

此稿僅供讀者學習參考。由於本人水準所限，錯誤和不當之處在所難免，還望方家不吝指正，以使其更加完善。

初校稿完成於：2008年10月25日
二校稿完成於：2008年11月26日
三校注釋定稿：2011年10月30日
重校注釋定稿：2017年4月18日
統一重校定稿：2019年7月21日

京氏易學愛好者　湖北省潛江市　虎易
QQ：77090074
微信：wxid_e9cvbx1mugcf22
電子郵箱：tiger1955@163.com
新浪博客：http://blog.sina.com.cn/hbhy
http://blog.sina.com.cn/u/1248458677

占筮類			
1	擲地金聲搜精秘訣	心一堂編	沈氏研易樓藏稀見易占秘鈔本
2	卜易拆字秘傳百日通	心一堂編	
3	易占陽宅六十四卦秘斷	心一堂編	火珠林占陽宅風水秘鈔本
星命類			
4	斗數宣微	【民國】王裁珊	民初最重要斗數著述之一；未刪改本
5	斗數觀測錄	【民國】王裁珊	失傳民初斗數重要著作
6	《地星會源》《斗數綱要》合刊	心一堂編	失傳的第三種飛星斗數
7	《斗數秘鈔》《紫微斗數之捷徑》合刊	心一堂編	珍稀「紫微斗數」舊鈔秘本
8	斗數演例	心一堂編	
9	紫微斗數全書（清初刻原本）	題【宋】陳希夷	斗數全書本來面目；有別於錯誤極多的坊本
10－12	鐵板神數（清刻足本）——附秘鈔密碼表	題【宋】邵雍	無錯漏原版 秘鈔密碼表　首次公開！
13－15	蠢子數纏度	題【宋】邵雍	蠢子數連密碼表 打破數百年秘傳　首次公開！
16－19	皇極數	題【宋】邵雍	清鈔孤本附起例及完整密碼表 研究神數必讀！
20－21	邵夫子先天神數	題【宋】邵雍	附手鈔密碼表 研究神數必讀！
22	八刻分經定數（密碼表）	題【宋】邵雍	皇極數另一版本；附手鈔密碼表
23	新命理探原	【民國】袁樹珊	子平命理必讀教科書！
24－25	袁氏命譜	【民國】袁樹珊	
26	韋氏命學講義	【民國】韋千里	民初二大命理家南袁北韋 北韋之命理經典
27	千里命稿	【民國】韋千里	
28	精選命理約言	【民國】韋千里	
29	滴天髓闡微——附李雨田命理初學捷徑	【民國】袁樹珊、李雨田	命理經典未刪改足本
30	段氏白話命學綱要	【民國】段方	民初命理經典最淺白易懂
31	命理用神精華	【民國】王心田	學命理者之寶鏡

32	命學探驪集	【民國】張巢雲	發前人所未發 稀見民初子平命理著作
33	澹園命談	【民國】高澹園	
34	算命一讀通——鴻福齊天	【民國】不空居士、覺先居士合纂	
35	子平玄理	【民國】施惕君	
36	星命風水秘傳百日通	心一堂編	
37	命理大四字金前定	題【晉】鬼谷子王詡	源自元代算命術
38	命理斷語義理源深	心一堂編	稀見清代批命斷語及活套
39-40	文武星案	【明】陸位	失傳四百年《張果星宗》姊妹篇 千多星盤命例　研究命學必備
相術類			
41	新相人學講義	【民國】楊叔和	失傳民初白話文相術書
42	手相學淺說	【民國】黃龍	民初中西結合手相學經典
43	大清相法	心一堂編	重現失傳經典相書
44	相法易知	心一堂編	
45	相法秘傳百日通	心一堂編	
堪輿類			
46	靈城精義箋	【清】沈竹礽	沈氏玄空遺珍 玄空風水必讀
47	地理辨正抉要	【清】沈竹礽	
48	《玄空古義四種通釋》《地理疑義答問》合刊	沈瓞民	
49	《沈氏玄空吹虀室雜存》《玄空捷訣》合刊	【民國】申聽禪	
50	漢鏡齋堪輿小識	【民國】查國珍、沈瓞民	
51	堪輿一覽	【清】孫竹田	失傳已久的無常派玄空經典
52	章仲山挨星秘訣（修定版）	【清】章仲山	章仲山無常派玄空珍秘 門內秘本首次公開 沈竹礽等大師尋覓一生 末得之珍本！
53	臨穴指南	【清】章仲山	
54	章仲山宅案附無常派玄空秘要	心一堂編	
55	地理辨正補	【清】朱小鶴	玄空六派蘇州派代表作
56	陽宅覺元氏新書	【清】元祝垚	簡易・有效・神驗之玄空陽宅法
57	地學鐵骨秘　附　吳師青藏命理大易數	【民國】吳師青	釋玄空廣東派地學之秘
58-61	四秘全書十二種（清刻原本）	【清】尹一勺	玄空湘楚派經典本來面目 有別於錯誤極多的坊本

62	地理辨正補註　附 元空秘旨　天元五歌　玄空精髓　心法秘訣等數種合刊	【民國】胡仲言	貫通易理、巒頭、三元、三合、天星、中醫
63	地理辨正自解	【清】李思白	公開玄空家「分率尺、工部尺、量天尺」之秘
64	許氏地理辨正釋義	【民國】許錦灝	民國易學名家黃元炳力薦
65	地理辨正天玉經內傳要訣圖解	【清】程懷榮	秘訣一語道破，圖文并茂
66	謝氏地理書	【民國】謝復	玄空體用兼備、深入淺出
67	論山水元運易理斷驗、三元氣運說附紫白訣等五種合刊	【宋】吳景鸞等	失傳古本《玄空秘旨》《紫白訣》
68	星卦奧義圖訣	【清】施安仁	三元玄空門內秘笈　清鈔孤本 過去均為必須守秘不能公開秘密 與今天流行飛星法不同
69	三元地學秘傳	【清】何文源	
70	三元玄空挨星四十八局圖說	心一堂編	
71	三元挨星秘訣仙傳	心一堂編	
72	三元地理正傳	心一堂編	
73	三元天心正運	心一堂編	
74	元空紫白陽宅秘旨	心一堂編	
75	玄空挨星秘圖　附 堪輿指迷	心一堂編	
76	姚氏地理辨正圖說　附 地理九星并挨星真訣全圖　秘傳河圖精義等數種合刊	【清】姚文田等	蓮池心法　玄空六法 門內秘鈔本首次公開
77	元空法鑑批點本——附 法鑑口授訣要、秘傳玄空三鑑奧義匯鈔　合刊	【清】曾懷玉等	
78	元空法鑑心法	【清】曾懷玉等	
79	曾懷玉增批蔣徒傳天玉經補註【新修訂版原（彩）色本】	【清】項木林、曾懷玉	
80	地理學新義	【民國】俞仁宇撰	揭開連城派風水之秘
81	地理辨正揭隱（足本）　附連城派秘鈔口訣	【民國】王邈達	
82	趙連城傳地理秘訣附雪庵和尚字字金	【明】趙連城	
83	趙連城秘傳楊公地理真訣	【明】趙連城	
84	地理法門全書	仗溪子、芝罘子	巒頭風水，內容簡核、深入淺出
85	地理方外別傳	【清】熙齋上人	巒頭形勢、「望氣」「鑑神」
86	地理輯要	【清】余鵬	集地理經典之精要
87	地理秘珍	【清】錫九氏	巒頭、三合天星，圖文並茂
88	《羅經舉要》附《附三合天機秘訣》	【清】賈長吉	清鈔孤本羅經、三合訣法圖解
89-90	嚴陵張九儀增釋地理琢玉斧巒	【清】張九儀	清初三合風水名家張九儀經典清刻原本！

91	地學形勢摘要	心一堂編	形家秘鈔珍本
92	《平洋地理入門》《巒頭圖解》合刊	【清】盧崇台	平洋水法、形家秘本
93	《鑒水極玄經》《秘授水法》合刊	【唐】司馬頭陀、【清】鮑湘襟	千古之秘，不可妄傳匪人
94	平洋地理闡秘	心一堂編	雲間三元平洋形法秘鈔珍本
95	地經圖說	【清】余九皋	形勢理氣、精繪圖文
96	司馬頭陀地鉗	【唐】司馬頭陀	流傳極稀《地鉗》
97	欽天監地理醒世切要辨論	【清】欽天監	公開清代皇室御用風水真本
三式類			
98－99	大六壬尋源二種	【清】張純照	六壬入門、占課指南
100	六壬教科六壬鑰	【民國】蔣問天	由淺入深，首尾悉備
101	壬課總訣	心一堂編	
102	六壬秘斷	心一堂編	過去術家不外傳的珍稀六壬術秘鈔本
103	大六壬類闡	心一堂編	
104	六壬秘笈——韋千里占卜講義	【民國】韋千里	六壬入門必備
105	壬學述古	【民國】曹仁麟	依法占之，「無不神驗」
106	奇門揭要	心一堂編	集「法奇門」、「術奇門」精要
107	奇門行軍要略	【清】劉文瀾	條理清晰、簡明易用
108	奇門大宗直旨	劉毗	
109	奇門三奇干支神應	馮繼明	天下孤本　首次公開　虛白廬藏本《秘藏遁甲天機》
110	奇門仙機	題【漢】張子房	
111	奇門心法秘纂	題【漢】韓信（淮陰侯）	奇門不傳之秘　應驗如神
112	奇門廬中闡秘	題【三國】諸葛武侯註	
選擇類			
113－114	儀度六壬選日要訣	【清】張九儀	清初三合風水名家張九儀擇日秘傳
115	天元選擇辨正	【清】一園主人	釋蔣大鴻天元選擇法
其他類			
116	述卜筮星相學	【民國】袁樹珊	民初二大命理家南袁北韋
117－120	中國歷代卜人傳	【民國】袁樹珊	南袁之術數經典

148	《人相學之新研究》《看相偶述》合刊	盧毅安	集中外大成，無不奇驗；影響近代香港相術名著
149	冰鑑集	【民國】碧湖鷗客	各家相法精華、相術捷徑、圖文並茂附名人照片
150	《現代人相百面觀》《相人新法》合刊	【民國】吳道子輯	失傳民初相學經典二種 重現人間！
151	性相論	【民國】余晉龢	民初北平公安局專論相學與犯罪專著（犯罪學生物學派）
152	《相法講義》《相理秘旨》合刊	韋千里、孟瘦梅	命理學大家韋千里經典、傳統相術秘籍精華
153	《掌形哲學》附《世界名人掌形》《小傳》	【民國】余萍客	圖文并茂、附歐美名人掌形圖及生平簡介
154	觀察術	【民國】吳貴長	可補充傳統相術之不足
堪輿類			
155	羅經消納正宗	【明】沈昇撰、【明】史自成、丁孟章合纂	失傳四庫存目珍稀風水古籍
156	風水正原	【清】余天藻	●積德為求地之本，形家必讀！
157	安溪地話（風水正原二集）		●純宗形家，與清代欽天監地理風水主張大致相同
158	《蔣子挨星圖》附《玉鑰匙》	傳【清】蔣大鴻等	竅知無常派章仲山一脈真傳奧秘
159	樓宇寶鑑	吳師青	陽宅風水必讀、現代城市樓宇風水看法改革
160	《香港山脈形勢論》《如何應用日景羅經》合刊		香港風水山脈形勢專著
161	三元真諦稿本──讀地理辨正指南	【民國】王元極	被譽為蔣大鴻、章仲山後第一人 內容直接了當，盡揭三元玄空家之秘
162	三元陽宅萃篇		
163	王元極增批地理冰海 附批點原本地理冰海	【清】高守中 【民國】王元極	
164	地理辦正發微	【清】唐南雅	極之清楚明白，披肝露膽
165-167	增廣沈氏玄空學 附 仲山宅斷秘繪稿本三種、自得齋地理叢說稿鈔本(上)(中)(下)	【清】沈竹礽	玄空必讀經典！附《仲山宅斷》幾種鈔本及批點本，畫龍點晴、披肝露膽，道中刊印本未點破的秘訣
168-169	巒頭指迷(上)(下)	【清】尹貞夫原著、【民國】何廷珊增訂、批注	圖文并茂：龍、砂、穴、水、星辰九十九變 洩漏天機：蔣大鴻、賴布衣挨星秘訣及用法
170-171	三元地理真傳(兩種)(上)(下)	【清】趙文鳴	蔣大鴻嫡派真傳張仲馨一脈二十種家傳秘本、宅墓案例三十八圖，並附天星擇日
172	三元宅墓圖 附 家傳秘冊		
173	宅運撮要	【民國】尤惜陰（演本法師）、榮柏雲	撮三集《宅運新案》之精要
174	章仲山秘傳玄空斷驗筆記 附 章仲山斷宅圖註	【清】章仲山傳、【清】唐鷺亭纂	無常派玄空不外傳秘中秘！二宅實例有斷驗及改造內容
175	汪氏地理辨正發微 附 地理辨正真本	【清】蔣大鴻、姜垚原著、【清】汪云吾發微	蔣大鴻嫡派張仲馨一脈三元理、法、訣具體泄露
176	蔣大鴻家傳歸厚錄汪氏圖解	【清】蔣大鴻、【清】汪云吾圖解	
177	蔣大鴻嫡傳三元地理秘書十一種批注	【清】蔣大鴻原著、【清】汪云吾、【清】劉樂山註	三百年來最佳《地理辦正》註解！石破天驚！

178	《星氣(卦)通義(蔣大鴻秘本四十八局圖并打劫法)》《天驚秘訣》合刊	題【清】蔣大鴻 著	江西興國真傳三元風水秘本
179	蔣大鴻嫡傳天心相宅秘訣全圖附陽宅指南等秘書五種	【清】蔣大鴻編訂、【清】汪云吾、劉樂山註	蔣大鴻徒張仲馨秘傳陽宅風水「教科書」！
180	家傳三元地理秘書十三種		真天宮之秘 千金不易之寶
181	章仲山門內秘傳《堪輿奇書》附《天心正運》	【清】章仲山傳、【清】華湛恩	直洩無常派章仲山玄空風水不傳之秘
182	《挨星金口訣》、《王元極增批補圖七十二葬法訂本》合刊	[民國]王元極	秘中秘——玄空挨星真訣公開！字字千金！
183-184	《家傳三元古今名墓圖集附謝氏水鉗》《蔣氏三元名墓圖集》合刊(上)(下)	(清)孫景堂，劉樂山，張稼夫	蔣大鴻嫡傳風水宅案、幕講師、蔣大鴻、姜垚等名家多個實例，破禁公開！
185-186	《山洋指迷》足本兩種 附《尋龍歌》(上)(下)	【明】周景一	風水巒頭形家必讀《山洋指迷》足本！
187-196	蔣大鴻嫡傳水龍經注解 附 虛白廬藏珍本水龍經四種(1-10)	【清】蔣大鴻編訂、【清】楊臥雲、汪云吾、劉樂山註	蔣大鴻嫡傳一脈授徒秘笈 希世之寶 千年以來，師師相授之秘旨，破禁公開！完整了解蔣氏嫡派真傳一脈三元理、法、訣！附已知最古《水龍經》鈔本等五種稀見《水龍經》
197	批注地理辨正直解		
198	《天元五歌闡義》附《元空秘旨》(清刻原本)	【清】章仲山	無常派玄空必讀經典未刪改本！
199	心眼指要(清刻原本)		
200	華氏天心正運	【清】華湛恩	
201-202	批注地理辨正再辨直解合編(上)(下)	【清】蔣大鴻原著、【清】姚銘三再註、【清】章仲山直解	失傳姚銘三玄空經典重現人間！名家：沈竹礽、王元極推薦！
203	章仲山注《玄機賦》《元空秘旨》附《口訣中秘訣》《因象求義》等九種合刊	【清】章仲山	近三百年來首次公開！章仲山無常派玄空秘密，和盤托出！
204	章仲山門內真傳《三元九運挨星篇》《運用篇》《挨星定局篇》《口訣篇》等合刊	【清】章仲山、柯遠峰等	章仲山注《玄機賦》及章仲山原傳之口訣及筆記
205	章仲山門內真傳《大玄空秘圖訣》《天驚訣》《飛星要訣》《九星斷略》《得益錄》等合刊	【清】章仲山、冬園子等	
206	撼龍經真義	吳師青註	近代香港名家吳師青必讀經典
207	章仲山嫡傳《翻卦挨星圖》《秘鈔元空秘旨》附《秘鈔天元五歌闡義》	【清】章仲山傳、【清】王介如輯撰	透露章仲山家傳玄空嫡傳學習次弟及關鍵不傳之秘
208	章仲山嫡傳秘鈔《秘圖》《節錄心眼指要》合刊		
209	《談氏三元地理大玄空實驗》附《談養吾秘稿奇門占驗》	【民國】談養吾撰	史上首次公開「無常派」下卦起星等挨星秘密之書
210	《談氏三元地理濟世淺言》附《打開一條生路》		了解談氏入世的易學卦德爻象思想
211-215	《地理辨正集註》附《六法金鎖秘》《巒頭指迷真詮》《作法雜綴》等(1-5)	【清】尋緣居士	集《地理辨正》一百零八家註解大成精華 匯巒頭及蔣氏、六法、無常、湘楚等秘本 史上最大篇幅的《地理辨正》註解
216	三元大玄空地理二宅實驗(足本修正版)	【民國】尤惜陰(演本法師)、榮柏雲撰	三元玄空無常派必讀經典足本修正版

217	蔣徒呂相烈傳《幕講度針》附《元空秘斷》《陰陽法竅》《挨星作用》	【清】呂相烈	蔣大鴻門人呂相烈三元秘本三百年來首次破禁公開！
218	挨星撮要（蔣徒呂相烈傳）		
219-221	《沈氏玄空挨星圖》《沈註章仲山宅斷未定稿》《沈氏玄空學（四卷原本）》合刊（上中下）	【清】沈竹礽 等	揭開沈氏玄空挨星五行吉凶斷的變化及不同用法 章仲山宅斷未删本、沈氏玄空學原本佚文、玄空挨星圖稿鈔本 大公開！
222	地理穿透真傳（虛白廬藏清初刻原本）	【清】張九儀	三合天星家宗師張九儀畢生地學精華結集
223-224	地理元合會通二種（上）（下）	【清】姚炳奎	分發兩家（三元、三合）之秘，會通其用 詳解注羅盤（蔣盤、賴盤）；義理、斷驗俱精
其他類			
225	天運占星學 附 商業周期、股市粹言	吳師青	天星預測股市，神準經典
226	易元會運	馬翰如	《皇極經世》配卦以推演世運與國運
三式類			
227	大六壬指南（清初木刻五卷足本）		六壬學占驗課案必讀經典海內善本
228-229	甲遁真授秘集（批注本）（上）（下）	【清】薛鳳祚	明清皇家欽天監秘傳奇門遁甲 奇門、易經、皇極經世結合經典
230	奇門詮正	【民國】曹仁麟	簡易、明白、實用，無師自通！
231	大六壬探源	【民國】袁樹珊	民初三大命理家袁樹研究六壬四十餘年代表作
232	遁甲釋要	【民國】徐昂	推衍遁甲、易學、洛書九宮大義！
233	《六壬卦課》《河洛數釋》《演玄》合刊		疏理六壬、河洛數、太玄隱義！
234	六壬指南（【民國】黃企喬）	【民國】黃企喬	失傳經典 大量實例
選擇類			
235	王元極校補天元選擇辨正	原【清】謝少暉輯、【民國】王元極校補	三元地理天星選日必讀
236	王元極選擇辨真全書 附 秘鈔風水選擇訣	【民國】王元極	王元極天昌館選擇之要旨
237	蔣大鴻嫡傳天星選擇秘書注解三種	【清】蔣大鴻編訂、【清】楊臥雲、汪云吾、劉樂山註	蔣大鴻陰陽二宅天星擇日日課案例！
238	增補選吉探源	【民國】袁樹珊	按表檢查，按圖索驥：簡易、實用！
239	《八風考略》《九宮撰略》《九宮考辨》合刊	沈瓞民	會通沈氏玄空飛星立極、配卦深義
其他類			
240	《中國原子哲學》附《易世》《易命》	馬翰如	國運、世運的推演及預言

心一堂術數古籍整理叢刊

全本校註增刪卜易	【清】野鶴老人	李凡丁（鼎升）校註
紫微斗數捷覽（明刊孤本）附點校本	傳【宋】陳希夷	馮一、心一堂術數古籍整理小組點校
紫微斗數全書古訣辨正	傳【宋】陳希夷	潘國森辨正
應天歌（修訂版）附格物至言	【宋】郭程撰　傳	莊圓整理
壬竅	【清】無無野人小蘇郎逸	劉浩君校訂
奇門祕覈（臺藏本）	【元】佚名	李鏘濤、鄭同校訂
臨穴指南選註	【清】章仲山　原著	梁國誠選註
皇極經世真詮—國運與世運	【宋】邵雍　原著	李光浦

心一堂當代術數文庫

增刪卜易之六爻古今分析	愚人
命理學教材（第一級）	段子昱
命理學教材 之 五行論命口訣	段子昱
斗數詳批蔣介石	潘國森
潘國森斗數教程（一）：入門篇	潘國森
紫微斗數登堂心得：三星秘訣篇——潘國森斗數教程（二）	潘國森
紫微斗數不再玄	犂民
玄空風水心得（增訂版）（附流年催旺化煞秘訣）	李泗達
玄空風水心得（二）——沈氏玄空學研究心得（修訂版）附流年飛星佈局	李泗達
廖氏家傳玄命風水學（一）——基礎篇及玄關地命篇	廖民生
廖氏家傳玄命風水學（二）——玄空斗秘篇	廖民生
廖氏家傳玄命風水學（三）——楊公鎮山訣篇 附 斷驗及調風水	廖民生
廖氏家傳玄命風水學（四）——秘訣篇：些子訣、兩元挨星、擇吉等	廖民生
《象數易——六爻透視：入門及推斷》修訂版	愚人
《象數易——六爻透視：財股兩望》	愚人
《象數易——六爻透視：病在何方》	愚人
《象數易——六爻透視：自身揭秘》	愚人
命卜隨筆	林子傑
香港特首命格臆解——斗數子平合參再探	潘國森
玄空風水心得（三）——玄空基礎探微	李泗達

心一堂易學經典文庫　已出版及即將出版書目